LE PARLEMENTARISME

ET

LA STRATÉGIE NOUVELLE

PAR

CONSTANT GUIMARD.

NANTES
CHEZ TOUS LES LIBRAIRES,

1874.

NANTES, IMPRIMERIE JULES GRINSARD

LE PARLEMENTARISME

ET

LA STRATÉGIE NOUVELLE

La force et les lumières de l'homme sont relativement très-bornées. Il en résulte que nous sommes obligés de chercher dans le nombre l'accroissement de sagesse et de puissance que ne peut acquérir l'individu abandonné à lui-même. C'est la raison d'être des différentes nations qui couvrent la surface du globe. C'est aussi ce qui a fait inventer les parlements.

Cette dernière institution est donc très-conforme à la saine raison, et il semble même qu'on pourrait dire que plus une réunion de députés est nombreuse, plus la sagesse doit présider aux délibérations; mais depuis que le grave parlement s'est amouraché de la Révolution qui est la grande prostituée de notre époque, c'est ordinairement le contraire qui a lieu. Tout s'y ressent du délire de la plus stupide des passions. Deux ou trois chefs d'équipe s'approprient tout ce monde accaparé à diverses conditions. Un fractionnement plus ou moins irrégulier s'opère en tous sens, et il arrive comme fatalement que le nombre, dans les assemblées délibérantes, ne sert qu'à augmenter le vacarme en jetant plus de confusion dans les débats. Les brocanteurs passent et repassent sans cesse au milieu de cette foule tumultueuse; comme des maquignons au jour d'une grande foire. Ces *hommes d'affaires* ont à leurs gages des sous-chefs suivis de plusieurs aboyeurs chargés de surveiller le bétail *législatif* ou *constituant*, et d'empêcher *la fusion*. C'est en cela que consiste l'importance et le savoir-faire des riches propriétaires de parcs ou d'étables. Les murs de clôture sont si bien gardés qu'aucune bonne raison ne peut facilement franchir les lignes de démarcation. Or, comme ces *habiles* meneurs ont fort à faire pour conserver leurs troupeaux, afin de ne pas baisser dans l'opinion publique, ou pour les augmenter, ce qui est le thermomètre d'après lequel on juge de la capacité politique; il s'ensuit que le bon sens est ordinairement étranger aux délibérations du parlement; attendu que pour se faire ouïr il faudrait être quelque chose d'important, et que ceux qui le sont ressemblent un peu à ces trafiquants de nègres, qui ont tout intérêt à ce qu'on ne voit pas clair dans leur tripotage politico-commercial. Le temps, la volonté ou la puissance faisant obstacle à la raison, il a été tacitement convenu que tout se déciderait à coup de scrutin. Ce procédé a paru même si finement sage qu'il est entré dans nos mœurs, et que l'on trouve tout naturel aujourd'hui de voir, à chaque instant, nos plus chers intérêts et notre vie même servir d'enjeu dans ces sortes de parties de cartes; comme si nous n'étions que des êtres dévoués aux caprices de quelques intrigants; *habiles* à exploiter la stupide docilité de leurs collègues; même de ceux qui ne manquent jamais de se donner les grands airs des personnalités importantes, partout ailleurs que dans cette pauvre Assemblée, où ils étalent, d'une manière si candide, leur splendide incapacité, avec leurs faiblesses inqualifiables, par des votes inconscients qui rappellent ces orgies électorales, où le *truc* des patrons consiste à intimider le manœuvre, à le tromper; et enfin, à escamoter son vote en utilisant à propos la chopine et les bouts de tabac. Il ne saurait y avoir rien de plus funeste pour un grand peuple, que l'abjecte servilité de ces gros messieurs qui semblent avoir si complétement perdu la faculté de penser et de vouloir par eux-mêmes, qu'on pourrait les prendre pour de vils esclaves au service de quelque pacha. Cet état de choses est navrant! Nous avons assisté à des séances importantes où l'absurde a si complétement triomphé de la raison et du patriotisme, qu'une sultane en délire ne pourrait rien rêver de plus bizarre.

Ce servage moderne stupéfiera la postérité qui ne pourra pas comprendre comment il a pu se faire que tant de députés, dont les noms étaient autrefois si avantageusement connus, aient pu consentir à se donner ainsi en spectacle, comme ces longues files de chevaux dont les maquignons affectent de faire parade.

Voilà pourtant comment se gouverne cette génération de libres-penseurs que la Révolution a déjà parqués comme un vil bétail. Ce peuple se verra bientôt réduit à crier pour avoir du gland, et il n'en aura pas son soûl! Car il est dans la nature même du progrès révolutionnaire d'exterminer la race humaine dans le sang ou par la faim. La Commune, qui n'a surpris que des âmes naïves, n'est qu'une ébauche de ce qui va nous arriver bientôt, si nous persistons à vouloir conserver un pareil régime.

Tout se ressent des soûleries et des folies infâmes du concubinage révolutionnaire. L'idée de Dieu ayant été bannie de l'État moderne, le concubinage *légal* est devenu forcément la manière d'être de la société actuelle.

Le mariage, comme le divorce, n'étant plus aux yeux de la loi qu'un acte purement civil, il s'ensuit que cette société qui rejette la bénédiction du ciel, n'apparaît plus que comme un vil rassemblement d'êtres immondes que le vice fait éclore à la manière d'un champignon sur le fumier.

L'enterrement civil n'est que la conséquence rigoureuse de cet état de choses.

On pensait que le progrès athée s'arrêterait là ; mais la logique est trop inexorable pour que le solidaire puisse être assuré de trouver un tombeau.

Pourrir dans une fosse non bénite, c'est un *honneur* qu'on partage avec le chien qui n'est mis en terre que pour cause de salubrité; mais l'homme ne peut pas rester au niveau de la bête. Il lui faut le ciel ou le néant! S'anéantir, voilà l'objet des plus ardentes aspirations d'une société matérialisée, où la naissance ne peut être considérée que comme un accident du plaisir. Dès lors, le respect de la paternité, l'amour filial, les liens de la famille, qui nous rendent si cher le souvenir de nos morts, ne peuvent être que des absurdités pour une génération de solidaires. Brûlez les cadavres par les procédés les plus économiques, supprimez cette vieille formule qu'on appelle le *deuil de famille;* et bientôt le malade cessera de trouver un lit pour souffrir. C'est horrible, mais enfin c'est logique!

Un lit pour souffrir!... Une fosse pour mettre un cadavre à pourrir!... Quelle sottise pour un matérialiste!

Je sais bien que cette effrayante vérité est de nature à effaroucher bien des gens; mais il en est souvent de cet effarouchement d'apparat comme de ce *patriotisme* que les *outranciers* faisaient consister à hurler la *Marseillaise* par les rues. Leur *morale* égale leur *patriotisme.* Or nous savons maintenant ce qu'il faut en penser, car nous les avons vus à l'œuvre tous ces gens-là, tous ces piliers de cafés chantants, tous ces « sang impur » opérant leur mouvement de tangage ou de roulis sur les trottoirs en criant au passant : « Hé! citoyen! payes-tu la goutte ? » Nous l'avons vu de près, aussi, avec sa *morale* jacobine, le héros des sensibleries, ce célèbre papa de l'Université, portant son numéro 606 (comme un forçat) de l'Internationale. Ce citoyen est nommé, *Simon* par les uns, *Suisse* par les autres (comme qui dirait le *bedeau* de la *confrérie du chenil* maçonnique). Il est *confrère* des communards, qui sont les *congréganistes* du progrès, et tout-à-fait digne de cette Simonne.

Cette Simonne, espèce de *Loysillon*, qui multipliait jadis ses exploits contre les congréganistes *religieux* qu'elle accusait de manquer de civisme ; parce qu'ils refusaient de mettre ensemble les filles et les gars, à faire beau jeu dans leurs classes. Ne voulant pas le céder en célébrité à son jars, cette femelle, de je ne sais quel quartier, jacobinait à Paris, même contre le bon Dieu des écoles, de manière à faire concurrence à ce Garibaldi que M. Thiers, grand expert en cette matière, a décoré pour le pillage retentissant des couvents du Midi. Eh bien, le citoyen Simon était ministre de l'instruction publique (quel juge d'*instruction!*), des *cultes* (surtout des *sans culte*), et des beaux-arts (sans rejeter la *truelle*). Or, nous savons que ce *civique* retenait *patriotiquement* son gars, loin des périls de la guerre, pendant que les *cléricaux* tuaient l'ennemi en se faisant tuer à Patay, comme ailleurs, et que Garibaldi faisait ripaille en attendant la croix (1).

On aura beau *philosopher* en larmoyant comme Jules Simon (le *congréganiste du chenil* maçonnique), il n'en sera pas moins vrai que la vie n'a de valeur pour le matérialiste qu'autant qu'elle permet de jouir : c'est comme au théâtre où l'on ne va pas pour s'ennuyer, et d'où l'on sort quand la scène ne plaît pas, ce qui explique pourquoi le suicide menace de devenir bientôt tout aussi naturel que le divorce, le concubinage et l'ivrognerie. Consultez les registres de Paris, et vous saurez quel usage on peut faire de la *science*. Vous y verrez qu'en 1873 « presque le tiers » des enfants nés dans cette capitale sont des bâtards.

---

(1) Oh! qu'il est pénible pour un Français de voir la décoration de nos braves, donnée en butin à ce pillard qui se vantait d'avoir « désiré le triomphe des armes prussiennes », et de n'être venu chez nous que pour y établir le règne de la canaille.

« En 1822, le chiffre des suicides relevés officiellement en France atteignit 350. » Or, nous sommes tellement en voie de progrès qu'aujourd'hui, « Paris seul en fournit plus de 4,000. » C'est épouvantable! Et cependant il fallait être bien niais pour ne pas prévoir que ce résultat devait être la conséquence d'une éducation donnée, aux frais de l'Etat, dans nos universités, par des Duruy, des Littré, les Renan, les Robin, et toute cette clique (1) de professeurs matérialistes qui ne cessent de décrier les institutions religieuses, afin de se débarrasser d'une concurrence formidable qui empêche encore l'Université de conduire elle-même ses élèves au lupanar. Si vous croyez que je calomnie les grands corps *savants* de l'État, écoutez ce que M. Behier, « chef de clinique à l'Hôtel-Dieu, » disait à ses élèves, sous le gouvernement d'un Mac-Mahon, pendant qu'on massacrait impunément nos protégés en Orient, où le prestige du nom français disparaît; comme partout ailleurs, sous l'action d'une diplomatie représentée par un ministre qui, la truelle à la main, ne sait que caponner, sur toute la ligne, sous prétexte que le Prussien menace de nous donner des coups de crosse de fusil. Voici ce que disait ce professeur qui occupe « la plus haute position médicale (officielle) de France. » En parlant, dans une leçon publique, d'une certaine maladie incurable, il s'exprimait ainsi : « Dans ces conditions la vie devient insupportable, et on ne peut qu'en souhaiter la fin; néanmoins nous ne pouvons pas, nous médecins, travailler à l'abréger, ce n'est pas notre rôle; mais le malade, c'est différent; et quoi qu'en puisse penser la *liturgie* (sic), je soutiens qu'il a le droit de se tuer. » Voilà qui est clair! si clair que je m'étonne que M. Littré, qui est matérialiste comme une bête, n'ait pas encore proposé, à ses confrères de l'Académie, de fonder des prix pour ceux qui sauront perfectionner l'art de se débarrasser de l'homme souffrant qui contrarie la *jouissance* d'autrui. Est-ce que les médecins matérialistes ne feraient pas une œuvre éminemment *philanthropique* en se prêtant ainsi, sans aucune grimace de scrupule, au soulagement de l'humanité souffrante? Quoi! le malade aurait le droit de se tuer; et vous, messieurs les carabins, vous vous feriez un scrupule de lui rendre ce petit service!... Allons donc, messieurs les singes, vous tombez dans le *bigotisme* scientifique! Point tant de pruderie! Proclamez-vous hardiment les premiers assassins du monde, et l'on

---

(1) « Canaille littéraire, » comme dit la *République française.*

vous croira sans peine ; attendu que depuis longtemps déjà, vous êtes coutumiers de l'homicide *scientifique*, et que c'est là votre fort ; ce qui n'est pas étonnant ; car le privilége de l'impunité est un droit qui vous permettrait de marcher de pair avec le bourreau, si celui-ci n'avait sur vous l'avantage d'être l'exécuteur d'une sentence légale ; tandis que vous autres non-seulement vous tuez *illégalement*, mais de plus, vous acceptez le salaire du crime, avec tout le sang-froid d'un évadé de Cayenne.

Je m'en tiens à ces observations, pour cette fois, attendu que dans un autre ouvrage, *Les Réflexions d'un jeune Catholique,* j'ai dit tout ce que je pensais de ce rassemblement de *singes* qu'on appelle la *Faculté de Médecine,* d'où sortent ces légions de médecins ignorants et profondément corrompus, qui ne s'entendent bien qu'à pervertir les âmes, et à tuer les corps, tout simplement comme s'il s'agissait d'expérimenter sur un chien.

Un officier supérieur écrivait le 6 mars 1872 : « Parmi les institutions funestes à l'armée et qui ont ruiné ses armes spéciales, il faut citer en première ligne l'École polytechnique. » Eh bien, il est beaucoup plus vrai de dire que la Faculté de Médecine est l'institution qui a le plus contribué à la démoralisation de la France. On ne saurait se figurer tout le mal que fait cette arsouillerie (1) médicale, qui consiste à cacher l'impiété et les vices les plus dégradants, sous le manteau fastueux d'une science d'apparat, que la conversation d'un homme instruit, sérieux et intelligent réduit si vite à l'état de feu-follet. Oh ! combien n'y a-t-il pas de médecins qui n'ont acquis quelque habileté dans leur art, qu'à force de tuer les pauvres gens dont ils n'ont rien à craindre ni à espérer ? Je suis sûr qu'une enquête à ce sujet mettrait à découvert une plaie si profonde et tellement hideuse, que le gouvernement serait contraint de faire droit aux justes réclamations de nos évêques, en faveur de ce pauvre peuple, dont le relèvement moral est rendu si difficile par les propagateurs d'impiété, auxquels le diplôme donne accès au sein de toutes les familles (2). Il faut moraliser la Faculté de Médecine ou lui imposer une concurrence qui la réduise à l'impossibilité de nuire. Déjà elle s'est mise elle-même hors la loi

---

(1) Je prie le lecteur de ne pas oublier que les expressions, comme les couleurs, sont imposées par la nature du sujet que l'on traite.

(2) Les jours derniers la Faculté de Médecine était encore le théâtre d'une scène abominable. Les étudiants voulaient mettre en pièces l'un de leurs professeurs qui prétendait que ses élèves ne sont pas des *bêtes.*

par ses déclarations de matérialisme, car la loi n'est pas faite pour des singes. De quoi pourraient se plaindre ces êtres avilis qui veulent qu'on les traite comme des bêtes? Allez donc, messieurs, vous faire rosser par vos prétendus congénères de la forêt; et quand vous serez dégoûtés de ce nouveau genre de vie, vous nous reviendrez tout joyeux d'appartenir à la famille humaine. Ce petit voyage au pays des quadrumanes aura peut-être pour effet de vous guérir de cette espèce de folie, qui vous est commune avec certains monomanes qui prennent plaisir à se dire sans esprit; pourvu que personne ne les croit, et tout simplement pour se distinguer des autres, comme ils le prouvent bien lorsqu'on s'avise de les traiter comme des bêtes,

J'aime à croire que les médecins honorables et instruits ne s'offenseront pas de cette sévère appréciation; car ils gémissent comme moi de la prostitution d'un art, qui devrait n'être que l'épanouissement de la charité faisant servir la science au soulagement de l'homme qui souffre.

La jouissance sous toutes ses formes, l'homicide savant, le suicide et la crémation : voilà le terme fatal de la civilisation d'une société matérialisée. Si le progrès pouvait s'arrêter là, le souhait du carabin serait réalisé, au moins en partie; mais il n'en sera pas ainsi, car l'homme ne peut pas se soustraire aux conditions essentielles de son existence; et ce fait suffirait seul pour faire connaître la nature surnaturelle de cette âme qui sait perfectionner le vice, comme elle perfectionne la vertu, et à laquelle la pensée inéluctable de l'éternité crée des tourments que la bête ne connaît pas, et des aspirations qu'aucun peuple ne peut étouffer sans se suicider. Le pain pour le corps, la foi pour l'âme, le travail en partage, le ciel en perspective : voilà quelle est la condition *sine qua non* de l'existence de la société!

O peuple de solidaires! discutez, riez tant qu'il vous plaira, vous n'échapperez pas à cette loi inexorable. Si vous ne voulez pas vous y soumettre, vous disparaîtrez comme les débris d'un navire naufragé sur la plage.

Divorcer quand on est lassé de sa femme; jeter ses bâtards à l'hôpital, à l'exemple du philosophe Jean-Jacques; se sauver à Bordeaux, se pavaner à Lyon ou à Marseille à l'ombre du drapeau rouge, pendant que l'ennemi est déjà au cœur de la France : tout cela est d'une morale très-philosophique et tout-à-fait dans les goûts de ces gens qui trouvent la patrie partout où il y a un café, et un journal pour rire, avec l'accompagnement nécessaire à la vie d'un libre-penseur. Il est facile aussi d'enjôler le peuple par l'appas de ce pillage général qu'on fait apparaître, comme un mirage, aux yeux du manœuvre qui n'a pas de quoi payer sa place au théâtre; mais croit-on qu'il soit possible de trouver longtemps des éleveurs de concubines, des fournisseurs de toilette et de confortable, des soldats disposés à se sacrifier pour un ramas de chenapans devenus riches par le meurtre et le pillage? « Quelle pitié d'être obligé de se faire tuer pour une pareille canaille! » disaient les mobilisés bretons en voyant la crapule parisienne. Cette brave jeunesse de Bretagne n'en fit pas moins héroïquement son devoir jusqu'à la fin, et jamais la Commune n'aurait pu s'établir à Paris, si le traître ou stupide Jules Favre n'eût stipulé, par un article de la convention avec Bismark, qu'on ferait sortir de la capitale ces intrépides bataillons qui faisaient la terreur des communards.

Matérialisez la société, et le riche d'aujourd'hui devenu pauvre, ira demain grossir le nombre de ces bandits qui brûleraient le monde pour se procurer une heure de carnaval. Voilà des choses que le peuple semble déjà ne plus être à même de comprendre, tant il a été saturé de mensonges par ce maudit journalisme révolutionnaire, qui a tari ou corrompu la source des joies du foyer domestique.

Le mensonge, sous toutes les formes, s'étale effrontément aux yeux du travailleur qui déserte l'église pour le cabaret, d'où il ne revient qu'en blasphémant, et pour assommer sa famille, après avoir tout mangé dans l'espoir qu'une prochaine révolution lui donnera des lundis toute la semaine ; comme si ces révolutions pouvaient faire autre chose que d'aggraver la situation du peuple qu'une loi suprême a condamné au travail, sous quelque forme de gouvernement que ce soit. Ce sont presque toujours les ouvriers dont le salaire est élevé qui se plaignent le plus insolemment de la fortune ; or, ce sont justement ceux-là mêmes qui ont tout intérêt à conserver notre brillante noblesse sur laquelle ils jettent des yeux de crocodiles, en attendant qu'ils puissent la dévorer ; sans se douter que la bourgeoisie suivrait de près ce premier dîner démocratique ; et qu'alors l'ouvrier au gros salaire serait l'objet des basses jalousies du manœuvre abruti, qu'un appétit vorace pousse à l'anthropophagie. Eh! que deviendraient donc ces riches industries, sans cette fleur élégante de la haute société française qui donne du prix, et met à la mode tout ce qui se fait dans notre beau pays? L'Europe nous a toujours envié ce privilége de donner le ton au monde civilisé, et cependant il se trouve en France des êtres qui s'acharnent à faire disparaître de chez nous, ce qui a fait l'admiration de l'univers et le désespoir de la Prusse. Pauvres insensés ! songez donc que si les rêves dont on vous berce venaient à se réaliser; si les *nouvelles couches sociales* parvenaient un jour à satisfaire leur férocité, cette fureur de dévorer, de tout détruire à la manière des *travailleurs* de 93, le niveau du bien-être dont nous jouissons actuellement descendrait si bas, que le salaire d'aujourd'hui serait un véritable luxe qui ferait hurler le *feignant* affamé ; comme ces voyous qui ne connaissent pas d'autres lits que les bancs du boulevard, et auxquels l'inconduite ou la paresse a fait passer plusieurs jours sans manger. Nous connaîtrions tous alors ce que c'est que la misère et la férocité d'un peuple matérialisé. Oh ! réfléchissez bien à ce que vous allez faire, vous qui jouez en ce moment le rôle des Girondins, ces pauvres éblouis qui croyaient pouvoir moraliser le peuple et assouvir sa faim en lui jetant des phrases sonores en pâture. Comme vous ils croyaient pouvoir *fraterniser* impunément avec l'Internationale de ce temps-là, et se faisaient un mérite de bel esprit, de *désencléricaliser* la France. Comme vous, ils disaient aussi : « Tout plutôt que le roi ! » (Tel qu'il doit être.) Or, il est arrivé que le couperet de la guillotine a écourté leur beau discours de politique démocratique, dont nous n'avons eu que l'exorde et une partie de la péroraison. Pauvres *ramollis !* Contentez-vous, donc de la grosse part de bien-être que vous possédez, et laissez le peuple goûter les délices de cette vie de la famille *chrétienne* qui produit toujours cet amour de la patrie, sans lequel nos soldats diplômés ne seront jamais que des comédiens bons à se pavaner sur les boulevards, ou autres lieux publics ; à badiner dans les salons, à parader avec grâce sur la place, pour attrapper des compliments dans le bulletin officiel ; mais bien plus disposés à suivre l'exemple des *outranciers,* qu'à se faire tuer à la manière de ces hommes de cœur dont le dévouement sublime a sauvé les débris de l'honneur français, au milieu de la déroute générale de cette génération de matérialistes, formée à l'école de ce Duruy, dont la présence au ministère de l'instruction publique et des cultes, fut le plus sanglant affront que Napoléon III pût faire à la France catholique, et l'un de ces crimes politiques qui attirent des coups de crosse de fusil. Laissez donc le peuple dans son heureuse sérénité ! Est-ce qu'il n'a pas déjà assez d'impôts à payer, sans qu'on aille lui imposer encore les soucis de la souveraineté ? Vous croyez lui faire un beau cadeau en le gratifiant du petit morceau de souveraineté auquel son vote lui donne droit; et, il n'a rien de plus pressé que de le céder à quiconque veut bien lui donner en échange une *moque* ou un bout de tabac. Soyez donc bien convaincus que tant qu'il restera chrétien, il sera toujours plus heureux dans sa cabane, que vous autres matérialistes avec vos rêves aux dindes truffées et aux alouettes rôties, qui, avec toute votre politicailllerie, ne peuvent servir qu'à lui faire perdre l'appétit, et à lui enlever le sommeil en le dégoûtant du travail. N'oubliez pas qu'il ne faut point hanter certaines Assemblées de *cuisiniers,* si l'on n'est pas décidé à se laisser mourir de faim; car le cœur ne peut rien contre l'envie de vomir.

Peu de choses suffisent aux besoins du chrétien qui s'occupe; et celui qui aime le travail est presque toujours mieux portant et plus heureux que ceux qui habitent les palais de l'oisiveté. C'est l'un des mystères du cœur humain, et le phénomène de la vie sociale. C'est le secret qui désarmera le sicaire.

Le bonheur est indépendant de la fortune; car tout l'art d'être heureux, ici-bas, consiste, à savoir tirer tout le parti possible du lopin de jouissance qu'on peut *licitement* se procurer.

Un rien attache le cœur de l'homme, et l'amour de ces petits riens dont l'ensemble constitue la patrie, peut enfanter des prodiges.

Le riche trouve souvent moins de bonheur à vivre dans l'opulence que le soldat à se faire *tuer* sur le champ de bataille, sous, les regards du héros dont le génie a su le passionner pour la gloire. Combien de fois n'a-t-on pas vu, en effet, le soldat, dans un élan d'enthousiasme, ronger son arme ou pleurer de désespoir lorsqu'on lui refusait la permission de courir à l'ennemi?

L'amour passionné de l'étude fait périr encore plus de savants que la guerre ne tue de généraux; et cependant, la science est pour le savant ce que la guerre est pour le héros. C'est un tourment délicieux qui fait le charme d'une vie de travaux et de privations.

Au peuple, le travail manuel; à l'homme instruit ou au génie, le labeur intellectuel et le maniement des affaires d'État. Eh! il ne faut pas l'oublier, si notre époque est si profondément troublée; c'est surtout parce qu'on a mis le paysan à politiquer au cabaret avec l'ouvrier, et les hommes d'Etat à crapuler comme des gredins de polissons. Chaque fois que cela est arrivé, il y a eu toujours grand deuil au beau pays de France. C'est là qu'est tout le mal, et l'on ne cesse de travailler à l'empirer encore.

Race de matérialistes, vous avez tous les défauts de nos anciens maîtres, et pas un brin de leurs bonnes qualités. Oui,

Messieurs les *libéraux* de contrefaçon, vous aurez beau crier le mensonge sur tous les tons, il n'en sera pas moins vrai que les abus de pouvoir étaient beaucoup moins nombreux que les grandes qualités et les actes de générosité sous l'ancienne monarchie ; puisque la tribu barbare des Francs a pu grandir en science et en sagesse; comme un enfant de bonne maison, jusqu'à cette époque néfaste où l'on vit un peuple devenu furieux, renouveler la scène de l'enfant prodigue impatient de secouer la tutelle du meilleur des pères.

Ne pouvant pas plus se passer de maîtres et de *maîtresses* que le prodigue de l'Evangile, le peuple français s'est mis au service de ce bourgeois inepte qu'on a coutume d'appeler le *Parlement,* et qui est tellement bête et si bavard, que plus tard, on aura peine à croire que le premier peuple du monde ait pu se résigner à subir les fantaisies extravagantes de cette personnalité complexe, qui n'est quelquefois, depuis 89, qu'un ramas de scélérats sortis du bagne, de gens tarés ou d'ivrognes de profession. Oh! que c'est bien là l'histoire lamentable et à peine croyable de cet enfant bien élevé, et respecté de tout le monde, auquel l'aveuglement de la passion fit crier un jour : *Tout plutôt que mon père!* même la compagnie des pourceaux.

Il est impossible de pouvoir garder son sérieux en considérant cette personnalité, toute *mythologique,* qui a pris naissance vers 89, et qui subsiste encore, sous différentes formes, mais toujours à l'état de *parlement.* Cet amalgame indéfinissable présente à nos yeux le spectacle le plus étrange qu'il soit possible de concevoir. Les romanciers les plus dévergondés n'ont jamais rien imaginé de comparable à ce dont nous sommes témoins, depuis que l'ivresse révolutionnaire a fait crapuler le grand Conseil de la nation.

Tout le monde sait par expérience que le secret bien gardé, est la plus indispensable condition du succès, surtout dans les affaires importantes. Eh bien! conformément à son habitude, le parlementarisme révolutionnaire a entrepris de traiter les affaires d'Etat en prenant la raison à rebours. La salle des délibérations est devenue un lieu public où tout le monde peut venir en présentant sa carte comme au théâtre. L'étranger peut s'y installer tout aussi librement que n'importe quel Français, pour jouir des scènes *comico-tragiques* auxquelles donne lieu chaque nouvelle séance, dans ce forum qui est comme une arène ouverte à toutes les bêtes de la création.

Prenez une place dans les tribunes réservées aux spectateurs; puis, de là, dirigez la lorgnette parlementaire autour de vous et à vos pieds. Contemplez ce grouillement indescriptible qui s'étend du « marais » jusqu'au sommet de la « montagne, » et vous serez contraints d'avouer que jamais aucune ménagerie n'a été aussi complète.

Un grand nombre de curieux viennent chaque jour repaître leurs yeux de ce hideux spectacle, et il semble que c'est déjà devenu une nécessité, comme les tueries de gladiateurs pour la *bonne société* de la Rome païenne.

Comme le lieu du spectacle est fermé, et que les spectateurs sont nombreux dans les tribunes, il arrive que l'action de la chaleur, ainsi concentrée, opère quelque chose qui ressemble à l'effet que produit un soleil brûlant sur la vase du Nil ou dans les marais fangeux d'Amérique. Il s'y dégage des émanations qui favorisent le développement monstrueux de toutes sortes de mauvais instincts. Toutes ces vilaines choses ressemblent aux crocodiles, aux serpents venimeux, aux crapauds et autres bêtes de cette catégorie, au milieu desquelles le lion et l'ours se trouvent pêle-mêle avec le buffle et le coursier; comme le rhinocéros, le chacal, le porc, l'hyène, le singe, etc. Etant ainsi hors de son élément, cette nombreuse députation y devient beaucoup plus furieuse qu'à l'état sauvage. Elle s'y débat convulsivement comme un animal qu'on veut étouffer.

Les députés que la Révolution a métamorphosés ainsi font un vacarme épouvantable. On n'entend que « rugir..., beugler..., grogner..., miauler..., glapir..., hennir..., etc., » tandis que l'œil voit « bondir..., se ruer..., se bousculer..., fouetter..., souffleter..., écumer..., baver..., etc., » à la grande satisfaction des spectateurs dont la plupart, armés de lunettes d'approche, ne paraissent pas moins ahuris qu'un groupe d'Iroquois rassemblés pour voir passer une mascarade parisienne.

Voilà un aperçu de ce bel idéal du parlementarisme moderne, lorsque les instincts brutaux peuvent y atteindre tout le développement dont ils sont susceptibles.

La scène n'offre pas toujours ce genre d'aspect, car tout ce personnel subit d'incessantes transformations qui varient le coup d'œil. L'être animal métamorphosé reprend, parfois, quelque chose de la nature humaine, et alors l'on n'aperçoit plus que des mains levées, comme sur un tableau du déluge; des poings menaçants, comme ceux du colonel Langlois; des yeux effarés, comme ceux d'un démoniaque ou d'un échappé de Charenton; des bouches béantes d'où sortent des clameurs, comme dans les cafés chantants, le soir d'un 4 Septembre. Alors, un président quelconque agite violemment une clochette, qui fait entendre le tic e tic tic tic d'un omnibus. C'est le moment solennel ! C'est alors qu'on voit commencer les discussions importantes, à la clarté blafarde de quelques lueurs de bon sens, qui vacillent sur l'Assemblée, comme la lumière interrompue de la lune dans une nuit d'orage.

Hélas ! quel empire la raison pourrait-elle avoir dans ces séances *orageuses ?*

Des lois sont votées, souvent sur la simple énumération des titres, à la manière dont procèdent les marchands de bœufs et les planteurs de Washington; pendant que l'Opéra flambe et que les prisonniers s'évadent pour contempler, comme tout le monde, le spectacle fort curieux d'un provisoire qui réunit presque tous les inconvénients du définitif, sans en avoir les avantages. On met en question quelque chose comme le rappel de l'*Orénoque,* qui tenait à l'ancre le peu que nous possédions encore de prestige parmi les nations qui viennent, l'une après l'autre, nous appliquer le coup de pied de l'âne au lion terrassé. On démontre aussi, fort éloquemment pour les *fins* politiques, l'utilité qu'il y a d'envoyer des canons à quelque Thu-Duc, pour mitrailler nos régiments, quand nous voudrons faire cesser le massacre des chrétiens dont la Providence nous avait constitués les défenseurs, en faisant en notre faveur ce qu'elle ne fait pour aucune autre nation. Et tout le monde paraît pleinement convaincu que le progrès ne permet pas de procéder aujourd'hui, à la manière du sénat romain, au temps de Régulus ; mais qu'au contraire, il n'y a rien de plus sensé que de discuter, devant l'émissaire de Bismark, les raisons que nous pouvons avoir de nous incliner piteusement devant la volonté impérieuse du Teuton, ou de lui faire connaître les moyens que nous pouvons employer pour le forcer de nous rendre l'Alsace-Lorraine, avant que le patriotisme *libéral* de... ait rivé les chaînes de la chère captive, par une « quittance » donnée, à certaines conditions, dans le but humanitaire, sans doute, de sécher les larmes de notre sœur éplorée qui nous tend les bras.

C'est en ces sortes d'*habiletés* que le parlement excelle, et, malheureusement, la manie désastreuse du parlementarisme se répand partout. Elle menace d'envahir toutes nos institutions. La Sorbonne elle-même nous donnait, aux vacances dernières, le triste spectacle de professeurs grimaçant pendant que leurs élèves (nos futurs *hommes d'État*), faisaient entendre des « si ! si ! si ! » des « non ! non ! » avec « salves d'applaudissements ironiques. » On aurait dit des 606, des Gambetta et des Jules Favre (Me Concubinaire), entendant parler de patriotisme, de relèvement moral et intellectuel. Le ministre parlant au nom du gouvernement provisoire en fut tout décontenancé. Il en parut tout aussi surpris et irrité que M. Thiers dans une circonstance fort semblable. Eh quoi ! s'écriait M. Thiers, après une cruelle déception à l'Assemblée, « être ainsi sacrifié par la gauche, moi qui lui ai tout sacrifié ! »

Assurément, l'honorable M. de Cumont ne devait pas s'attendre à être victime d'un pareil procédé de la part de l'Université ; car on sait qu'il venait de lui *sacrifier* toutes les *bourses* de l'État. Les qualités personnelles qui distinguent Son Excellence, malgré certaines attaches *libérales* qui rappellent toutes les illusions des Girondins, contrastent singulièrement aujourd'hui avec les actes publics de l'homme d'État. Comment! un gentilhomme qui se sépare de son roi, sous prétexte que le prince a tort de ne pas vouloir consentir à mettre les agneaux à jouer avec les louveteaux; comme le désire M. de Broglie, sans doute, par amour pour la poésie, ou par forme de figure de rhétorique, à l'exemple des benêts de la Gironde ; ce qui est très-excusable pour des académiciens. Quoi ! un Ministre sans diplômes qui paraît mendier les applaudissements des *chauffeurs de bancs*, ces *brillantes* nullités qui ont donné lieu à cet aveu que tout le monde connaît : « Autant de bacheliers, autant d'hommes de moins. » Comment! un catholique, qui, par ses actes ministériels, semble dire aux congréganistes : Il est officiellement reconnu que c'est vous qui formez les meilleurs élèves, et surtout les meilleurs citoyens ; mais comme il serait impossible que l'Université pût soutenir la concurrence, malgré les dépenses énormes que l'État fait en sa faveur ; vous devez vous résigner à *sacrifier*, chaque année, vos élèves les plus forts, afin qu'ils aillent profiter des bourses réservées pour ces établissements universitaires où la jeunesse apprend à faire danser les « *cocottes* » (1), à jeter les professeurs par les fenêtres, à siffler les ministres, ou à les pendre en effigie, en attendant le développement de ces *vertus civiques* qui font les communards. Hélas ! l'Etat place en lui-même le germe de sa destruction, et l'on s'étonne de le voir périr (2).

---

(1) Souvenir de la visite de l'empereur du Brésil au collége Rollin.

(2) M. le Distributeur de *bourses* nous dit que l'*Ecole* est bien comme au temps où l'Empire faisait sa malle. Et un... encore plus *compétent*, plus savant, plus... fait lire en... « Eh! quoi! nous marchons vers les abîmes, qui ne le voit? qui ne le sent? »

Donnez au peuple l'enseignement matérialiste, et bientôt vous aurez le spectacle d'une bête féroce affamée !

M. Thiers disait un jour que « les Jésuites n'ont droit qu'à l'exclusion. » C'était très-libéral, et tout-à-fait digne de ce bavard qui s'écriait dans une autre circonstance : « Eh bien ! oui, je suis un révolutionnaire ! » Et qui le prouvait si bien en qualifiant de « gaminerie parisienne, » cet acte de communard connu sous le nom de *sac de l'archevêché*. Il disait tout cela en amateur, mais les *voyous* qui avaient ouï ces blagues de l'*homme d'État*, se sont avisés de les faire sortir du domaine de la théorie ; et c'est alors qu'on a vu commencer les massacres de la Commune qui faisait de *l'exclusion* à sa manière. Posez les principes, la logique fera le reste !

Beaucoup de gens ont été extrêmement étonnés des accointances secrètes de M. Thiers avec les chefs de l'insurrection. Ceux qui, en effet, avaient pris au sérieux les blagues de politique conservatrice de ce révolutionnaire, ne pouvaient manquer d'être étrangement surpris de voir ce chef du pouvoir exécutif protester de son dévouement à l'Assemblée, tout en mettant en doute la culpabilité de l'acte socialiste qui s'accomplissait sous ses yeux, et pendant qu'il s'efforçait de républicaniser la France.

Cette conduite du personnage qui avait crié si haut que dans notre pays « la république tourne fatalement au sang ou à l'imbécilité, » paraît aussi incroyable que l'ineptie dont nos *hommes à savantes formules* ont fait preuve lors de la dernière guerre ; mais enfin ce sont des faits acquis à l'histoire.

Il ne suffit pas pour être un excellent officier du génie d'avoir « piqué, à l'examen, 18 au lieu de 15, » et emmagasiné dans sa mémoire quelques centaines de ces formules qui jouent, dans une démonstration, le rôle des diverses opérations d'arithmétique dans un calcul.

Combien de fois n'a-t-on pas vu des opérations faites, selon la formule, et déclarées bonnes par la *preuve*, donner cependant une solution absurde, tout simplement parce qu'elles n'étaient pas, toutes ou en partie, celles qu'il fallait faire ? Eh bien ! une réflexion analogue se présente d'elle-même au sujet de M. Thiers. Ce blagueur affecte de vouloir se faire prendre pour un si grand homme d'Etat, qu'un jour il disait en passant devant la statue de Napoléon Ier, sur la colonne Vendôme : « Grand homme, sans doute, mais il avait des lacunes que je n'ai pas. » Waterloo, avec tout les genres de fautes politiques qui l'ont rendu possible, prouve, en effet, que le grand guerrier avait des lacunes, et qu'il eût bien mieux servi sa patrie, à la manière d'un Duguesclin, qu'en parcourant l'Europe en César ; mais enfin cela ne prouve absolument rien à l'avantage du citoyen Thiers. Rien de plus juste que ce raisonnement : *Bonaparte a fait de grandes bévues, donc il y avait chez lui des lacunes.* Et M. Thiers aurait dû continuer en disant : puisque ce dompteur de nations n'a pu, malgré tout son génie, se maintenir au pouvoir ; moi, *homme d'Etat* de tréteaux, je ne ferai rien de durable sans le roi. Mais notre logicien tenant conseil à la manière des *hommes à savantes formules*, a rendu cet oracle bien digne d'un *sceptique* qui se pique de n'avoir que « la passion de la raison » : *Napoléon a fait un Waterloo ; or, moi, je n'en ai pas fait, donc je suis supérieur à Napoléon ; je puis affronter l'*impossible *en faisant une république sans républicains.* Et ce syllogisme de libre-penseur fut aussitôt accueilli par une salve d'applaudissements partis des rangs de ces courtisans dont les flatteries intéressées, semblables à un souffle empesté, entretiennent à la cour, ou à l'hôtel de la présidence, une atmosphère funeste à l'Etat ; et qui arrachèrent un jour un si douloureux aveu à ce républicain Hoche, qui avait eu la simplicité de croire que la République est tout simplement le gouvernement des plus capables. Abreuvé de dégoûts et paralysé ou contrarié sans cesse par le Comité, qui ne pouvait supporter la gloire de ce jeune et superbe vainqueur, Hoche s'écriait : « Ardent ami de la Révolution, j'ai cru qu'elle changerait les mœurs. Hélas ! l'intrigue est toujours l'intrigue, et malheur à qui n'a pas de protecteurs ! » Il aurait pu ajouter que la meilleure des républiques, qui est le gouvernement des domestiques, ne sera jamais en France qu'un gouvernement de pacotille, aboutissant toujours à l'anarchie, directement, ou en passant par l'un de ces régimes qui sont comme l'intervalle que le boa met entre deux indigestions.

Mais pendant que Saint-Hilaire, l'apologiste du régicide Louvel, et comme tel secrétaire *intime* de M. Thiers ; pendant que ce « vieil ami » avait la tête encore toute troublée par le vacarme de ces sortes d'applaudissements qui attirent les faveurs, et qu'il adressait des formules, à tort et à travers (1), sans même savoir ce dont il était question, ainsi que M. Thiers s'est vu contraint de le déclarer, un POUF ! se fit entendre. C'était comme qui dirait un Waterloo de cabaret !

Le saltimbanque avait trébuché sur ses tréteaux.

On ne saurait croire tout le deuil qu'il y eut alors à l'hôtel

---

(1) Comme un secrétaire d'*hommes à savantes formules.*

de la présidence. Tout un monde se trouvait hors de fortune! Hélas! beaucoup de membres fracassés, et toutes sortes de dégâts dans le ménage; car le chef de l'Etat était tombé sur un tas de vaisselle. Le pot de Perrette était cassé!... La poule aux œufs d'or était tuée!... Plus d'espoir de se faire des amis avec les bons gros bureaux de tabac, ni même de gruger le budget en donnant de faillis dîners *officiels*. Pas possible non plus de se passer la fantaisie d'inviter les cardinaux à des dîners diplomatiques, servis en gras le vendredi; ce qui est tout-à-fait dans les goûts d'un gamin de Voltairien. Quel guignon!...

Ce qu'il y a de curieux dans la manomanie révolutionnaire de M. Thiers, c'est qu'il se croit assez vieux pour avoir le droit de donner un démenti à ce proverbe qui est basé sur l'expérience de plusieurs générations de sages observateurs : *Dis-moi qui tu hantes, et je te dirai qui tu es*. C'est un MENSONGE ! s'écrie M. Thiers; puis il commence un discours, long comme un jour sans pain, mais qu'il pourrait résumer ainsi : *Je ne connus jamais d'autre patriotisme que mon intérêt personnel, ce que les cléricaux traitent d'égoïsme. Je suis l'ami d'une foule de sacripans dont l'unique occupation est de travailler à démolir la société. J'ai consacre toute ma vie à me faire un escabeau avec les débris des trônes renversés; tous mes efforts ont tendu à multiplier les dynasties afin de les détruire plus facilement, mais c'est bien là justement ce qui prouve que je suis fort royaliste* (comme qui dirait *carnassier!*) *Je suis un franc-maçon,* comme le duc Decazes, dit « Kadosch » (1), *et j'ai juré sur le poignard et sur le Christ* (2), *une haine à mort à Henri V; néanmoins ce prince a eu grand tort de ne pas avoir confiance en moi. Je suis l'ami intime de Jules Favre; ce qui n'empêche pas que ma femme m'a vainement proposé de fonder une dynastie; si vous ne voulez pas me croire, interrogez Figaro! Je me suis contenté d'avoir le* petit mot *qui a fait le tourment de toute ma vie, mais sans lequel on ne pourra plus désormais écrire l'histoire, à moins de faire une lacune. Oh!* un petit mot dans l'histoire universelle!... *Il a coûté des milliards et des provinces*

(1) Une Assemblée qui proscrit l'Internationale, et qui accepte, tantôt pour Président de la *chose publique*, tantôt pour Ministres, des valets de ce *chenil* maçonnique, que, par euphémisme, on appelle *loge!*... Quelle inconséquence! Quel effroyable symptôme de décadence!!!

(2) Je ne sache pas que ce fait vraiment inqualifiable ait été démenti par personne; ce qui n'est pas étonnant, car une orgie sans sacrilége n'est pas complète.

à mon pays; mais, peu importe! Ma maison est bâtie, et c'est payé. Le tour est joué! Oh! quelle chance d'avoir à manipuler les affaires de son pays en temps de république! Vive la république!... Tout le reste n'est que chinoiseries!

S'être enrichi comme Gambetta et autres compères, pendant que le pays se ruinait; avoir mis littéralement à sec la caisse publique pour me faire compter un million en or (1), *pendant que tant de gens mouraient de faim et couchaient à la belle étoile dans le pays de France; et, par dessus tout, se faire décerner le titre de* père de la patrie : *c'est curieux, bien curieux, n'est-ce pas?...*

Tenez, voyez donc quels jolis petits vers l'on a fait à ce sujet :

A Monsieur Thiers.

Être petit, mais grand parmi la radicaille,
Aimer les gens d'esprit, mais choyer la canaille,
Prêcher l'ordre et la paix, être républicain,
Éteindre et rallumer tour à tour le pétrole,
Fusiller la Commune et rester son idole,
Quel rêve, et quel plus beau destin (2)!

Jamais comédien n'a mieux joué son rôle; mais malheureusement il n'est plus en mon pouvoir de « faire des évêques, » *de nommer des préfets, de commander des distributions de bureaux de tabac; ni même de créer des généraux à la manière de Gambetta. Le temps est passé, où, moi aussi, je pouvais faire des tournées politiques, pour recevoir publiquement, par l'intermédiaire des préfets, de ces renseignements de convention, commandés à l'avance, ou rédigés par des habitués de la maison; comme les espèces de messages et autres petits billets que M. Rouher faisait signer à l'Empereur déjà un peu* bonasse. *Oh! oui, il est déjà loin ce temps où je recevais des compliments bien tournés, et les civilités empressées des aspirants à quelque chose. Je ne pourrai plus jamais ouïr de ces discours arrosés d'*eau bénite de cour, *comme l'évêque lui-même paraît être obligé d'en faire, dans certaines circonstances* délicates, *sous peine de passer pour* « un maraud de satirique. » *Hélas! je n'ai plus en perspective qu'une éternité qui me cause de vives inquiétudes. Eh! qui sait si la fille de ma femme ne se préoccupe pas déjà de l'enterrement civil ou de la crémation?...*

---

(1) On assure que la maison de M. Thiers ne valait pas 300,000 fr. Ce fait prouve qu'il y a un patriotisme très-lucratif.

(2) Ce petit plat de vers fut servi, il y a quelques semaines, à M. Thiers, à Turin, par l'un des membres de la colonie française.

Vous êtes habitués à m'entendre mentir sans vergogne; mais, tout de même, tenez, croyez-moi, cette fois-ci : Je vous jure que je n'aime pas à penser que bientôt je vais être mis dans un caveau, ou renfermé dans cette cruche qu'on appelle urne funéraire; *et sur laquelle le burin de l'histoire écartant un voile de mensonges, gravera ces mots qui me serviront d'épitaphe :*

IL EUT ÉTÉ AVANTAGEUX POUR LA FRANCE QUE CE CÉLÈBRE GAMIN FUT NÉ A BERLIN.

Hâtez-vous donc de contempler ce petit bonhomme qui aurait pu être un Colbert, et que la Révolution a fait le premier gamin du monde, si gamin qu'on l'a vu, dit-on, *poser* à une fenêtre, et jouer de la clarinette par le...

Je pense que personne ne pourra s'offenser de cette dureté de langage, après tout ce que M. Thiers nous a si bien appris à penser et à dire ; car enfin quelle autorité ce gamin de Marseille a-t-il respectée?... Qui n'a-t-il pas bafoué?... Quelles gamineries n'a-t-il pas commises?... M. Thiers n'a fait que gaminer ou polissonner en politique, comme Voltaire en philosophie. Ces deux individus-là qui sont des personnifications complètes du mensonge, ont exercé sur leur siècle une influence qui ressemble à la lèpre. Ils auraient pu enrichir notre histoire nationale de deux splendides biographies, et ajouter ainsi à l'éclat d'un vaste tableau qui est ravissant, comme le serait un paysage de l'Helvétie ou du Liban, au milieu des plaines diaprées de la Loire ou sur nos côtes de l'Océan. La patrie fondait sur eux de belles espérances ; et ils n'ont fait que la déshonorer en lui préparant des catastrophes. L'un insulte et salit l'héroïne d'Orléans; l'autre débarbouille les bandits de 93, et les transforme en héros.

Ils ont presque rendu possible l'apologie des *héros* de la Commune.

Voltaire s'attira les hommages des souverains en ridiculisant la royauté. M. Thiers devint président de la république à force de la vilipender; et il s'est acquis la réputation d'un grand homme d'État, tout simplement en déclarant que :

1° La royauté ne peut exister qu'à la condition que le roi ne gouverne pas; c'est-à-dire que le souverain peut être un âne ou un cruchon.

2° Que la République n'est possible qu'à la condition d'en exclure tous les républicains. Et, ce qui prouve combien il y a une forte dose de bêtise dans notre génération actuelle, c'est qu'il a pu se servir d'une assemblée de monarchistes pour fonder la République, en attendant que la raison revienne, ou qu'une majorité républicaine mette la nation dans la nécessité de restaurer la monarchie, pour échapper au *démembrement* opéré par le couperet.

Une particularité assez bizarre distingue ces deux révolutionnaires incarnés qui ont été si funestes à la France ; c'est que Voltaire fut obligé de donner un reçu à Frédéric II, pour la volée de coups de bâton que Sa Majesté prussienne avait commandé d'administrer à l'auteur de *La Pucelle;* tandis que c'est Thiers qui a reçu la quittance que l'Empereur Guillaume a bien voulu nous donner pour attester le transfert, de nos milliards dans les caisses de l'empire germanique. Ce serait un sujet de plaisanteries pour M. Thiers, si l'*homme d'Etat* n'était pas tourmenté par la douleur aiguë des meurtrissures causées par sa dernière culbute politique, et s'il n'était pas distrait par cette comédie intitulée l'*Ahurissement de la Noblesse;* où l'on voit certains grands seigneurs jouer le rôle d'*illustres* nigauds, sous les regards étonnés de la radicaille qui croirait volontiers à une mystification, tout comme Bismark, lorsque, à l'entrevue de Compiègne, le diplomate prussien vit que Napoléon III donnait si complétement dans le panneau.

La comédie de Compiègne paraîtra plus tard incroyable, et cependant celle qui se joue en ce moment à Versailles est encore bien plus ébahissante ; car elle fait battre des mains et rire à outrance, ceux-là mêmes qui auront bientôt le plus à en pleurer.

Faites donc attention à la conduite politique de ce brillant académicien qui semble rêver la mise en scène de quelque nouveau Philippe-Egalité. Ne dirait-on pas que l'ambition a fait perdre la tête à ce *fin* politique ? Sa culbute semble ne lui avoir rien appris, car il n'en continue pas moins à vouloir immoler toute la noblesse de France à ses caprices de grand seigneur. Il ne veut sacrifier aucune de ses susceptilités d'amour-propre à l'intérêt du pays, et il s'imagine que le peuple lui passera toutes ses fantaisies, ou que les radicaux lui donneront le temps de pérorer à l'aise sur sa royauté chimérique, aussi absurde que la république de M. Thiers.

Présider à tout prix, quand bien même ce ne devrait être que le cortége funèbre de la patrie : voilà quelle a été la passion dominante de M. Thiers, et l'unique objectif des efforts persévérants de toute sa vie. Il est enfin parvenu à se faire appeler *Monsieur le Président;* et, ce qu'il y a de plus plaisant pour les étrangers, c'est qu'il a fait accroire à beaucoup de gens qu'il n'acceptait ce titre que par pur dévouement au pays.

Presque personne ne s'est bien rendu compte de la manière dont cet intrigant s'y est pris pour arriver au pinacle, tant il est habile à pêcher en eau trouble et à cacher son jeu.

M. Thiers nous a dit cent fois qu'il était étranger à nos malheurs, eh! pourtant, quel rôle a-t-il joué dans ce drame qui a été si désastreux? Oh ! que ne puis-je lui exprimer ici toute l'horreur qu'il m'inspire ! Qu'il jette donc un coup-d'œil sur sa vie politique, et qu'il dise s'il ne mérite pas la plus large part de l'exécration réservée à ses alliés de la radicaille, qui n'auraient peut-être jamais été des bandits s'il ne leur en avait pas donné l'idée, en les plaçant sous son patronage, en faisant même cause commune avec eux. C'est là surtout qu'il y a de vilaines choses sur son compte.

Tout le monde sait que la radicaille a voulu se faire un mérite de l'opposition frénétique qu'elle fit à la Chambre, au moment où la lutte avec l'Allemagne était devenue inévitable; comme si la conduite absolument contraire que tinrent ces *outranciers*, lorsqu'ils furent arrivés au pouvoir, et qu'ils eurent lieu de craindre que la curée allait leur échapper, n'était pas une preuve que le patriotisme était absolument étranger aux vociférations de ces énergumènes, qui ne voyaient là qu'une occasion favorable pour faire du tapage. Je parierais bien que si l'Empereur avait tenu pour la paix, ces braillards-là eussent pris un ton belliqueux, et qu'on les aurait vus réclamer la guerre, afin *d'embêter* le ministère. Quoi qu'il en soit, cette scène abominable nous a montré tout ce qu'il y a d'absurde et de périlleux dans un pareil mode de délibérations; et elle rendra possible une grande réforme dans le parlementarisme actuel; réforme que réclame impérieusement la tranquillité publique, la dignité du pouvoir, et surtout la bonne direction des affaires d'Etat, tout-à-fait incompatible avec le bavardage et l'espionnage qui règnent dans cette espèce de cabaret, où l'on braille à tue-tête, et qu'on appelle *Assemblée nationale*. Qui donc ne voit pas le danger de ces séances tumultueuses où il semble que tous les députés sont en état d'ivresse ou atteint du mal caduc?

Il est certain que le principal effet des séances de la Chambre, au moment de la déclaration de guerre, en 1870, fut de rendre un désastre inévitable, en décourageant l'armée, en jetant le trouble dans tous les esprits, et surtout en préparant les voies à la révolution qui s'accomplit le 4 septembre. Pour moi, j'avoue franchement que je n'ai jamais pu m'expliquer comment on a pu se méprendre sur la conduite que tint alors M. Thiers. Car enfin, s'il était vrai, comme cet oracle de l'opposition l'avait déclaré à la Chambre, qu'il ne restait « plus une seule faute à commettre » après Sadowa, est-ce que le député *philosophe* n'aurait pas dû être le premier à nous donner l'exemple de la résignation? Notre petit bonhomme jugea à propos d'agir autrement; ce qui était fort habile pour un ambitieux, puisqu'il s'assurait une popularité capable de le porter au pouvoir, dans le cas d'une défaite de l'armée impériale; ce à quoi il ne contribua pas peu, en suscitant les plus grands embarras au gouvernement, et en rendant à peu près impossible l'acte d'audace dont Mac-Mahon était capable, et qui pouvait avoir pour effet d'entraîner la Bavière, l'Autriche, et peut-être l'ingrate Italie à la suite de notre drapeau. D'ailleurs, bien que l'armée, comme tout le reste de la France, eût déjà perdu beaucoup de son énergie, il y avait cependant peu d'efforts à faire, en ce moment de surexcitation, pour réveiller en elle ses instincts généreux, en lui communiquant le degré d'enthousiasme qui supplée toujours au nombre; et il est certain que, dans cette circonstance, la témérité était pour nous le plus haut degré de la prudence humaine, attendu que l'extraordinaire devenait la seule chance de succès qui nous restât; puisque nous ne pouvions pas reculer, et que selon les règles de l'art nous devions être battus, à moins d'enlever à l'ennemi les avantages qu'il devait avoir sur nous dans une guerre régulière où il avait la supériorité du nombre, de l'armement et de la science militaire.

L'armée fut tellement découragée par les clameurs de la Chambre, qu'elle s'arrêta tout court, à la vue du tour de force que réclamait la victoire; et elle préféra se rendre prisonnière plutôt que d'escalader ces difficultés, comme les braves de Mac-Mahon, au pays des Kabyles, le 24 mai 1857. Elle mit bas les armes, et alors le geôlier, chargé de riches dépouilles, n'eut plus qu'à organiser cette procession de 500,000 pénitents qui se mirent en marche vers les principales prisons de l'Allemagne. Et, afin que l'humiliation fut complète, *l'homme d'Etat* de cette France qui étalait, en ce moment, une incapacité inouïe, offrit lui-même l'étrange spectacle d'un humble *père* allant, de royaume en royaume, mendier quelque chose en faveur de sa *maison* ruinée par la guerre.

On dirait vraiment que la Providence n'a voulu entrer ainsi dans tous ces petits détails que par une sorte de raillerie, pour se venger des ricaneries de cette génération perverse, qui n'avait répondu que par le blasphème aux avertissements réitérés que la Reine des cieux donnait à sa France bien-aimée. Eh! qui ne voit que le mépris du nom français est l'expiation du blasphème. C'est une révendication de la justice divine!

Personne n'ignore que la sanctification des jours consacrés au Seigneur, et le respect du saint nom de Dieu, nous furent tout spécialement recommandés à la Salette. Eh bien, ne dirait-on pas que le travail du dimanche n'a servi qu'à grossir le monceau d'or de notre rançon?

Le sarcasme voltairien a été écrasé dans la boue, et la France catholique a reconquis la liberté de ses antiques pèlerinages aux sanctuaires vénérés. L'univers nous contemple et la catholicité, en prière, est dans l'attente de quelque grand événement. Quelque chose de mystérieux plane en ce moment sur le monde.

On croit rêver en se rappelant les calamités qui sont tombées sur nous comme une averse de grêlons. Car il ne nous serait rien arrivé de plus incroyable, quand bien même la France aurait fait le pari de se faire battre tout en faisant semblant de se défendre.

Humainement parlant, rien n'était plus facile que de rendre une pareille catastrophe complétement impossible; et, si après le triomphe de la Prusse sur l'Autriche, M. Thiers, guidé par un patriotisme désintéressé, avait employé son prodigieux talent à faire comprendre la nécessité où nous étions alors de sacrifier immédiatement des millions pour économiser des milliards, il aurait pu être réellement le sauveur de la patrie; car il est incontestable que si nous nous étions empressés de faire un armement en rapport avec la situation que nous avait faite les événements accomplis de l'autre côté du Rhin, jamais les masses allemandes n'auraient pu souiller le sol de la patrie; même malgré la détérioration morale que le virus révolutionnaire avait causée dans l'armée, comme dans toute la France, surtout depuis que l'Empereur avait lâchement pactisé avec la franc-maçonnerie. Mais M. Thiers resta sourd à la voix du patriotisme, et l'expérience a prouvé que c'était le plus sûr moyen d'arriver à la présidence.

Chaque fois qu'il était question de l'armement, les criailleries abasourdissantes de ses alliés de la gauche se faisaient entendre. M. Thiers lui-même traitait plaisamment de « fantasmagorie » tout ce que le maréchal Niel disait du formidable armement de l'Allemagne; et, quand il se vit dans l'impossibilité de tout refuser au gouvernement, vu les dispositions patriotiques de la

Chambre, il eut recours à sa fourberie ordinaire qu'il savait si bien déguiser sous le voile de son « patriotisme » qui n'a jamais existé qu'en paroles. Il disait qu'il n'était pas opposé à l'armement, pourvu qu'on y procédât d'une manière convenable; puis, chaque fois qu'on abordait cette question de forme, l'opposition redoublait de violence, disant que le projet proposé n'avait pas été suffisamment préparé, ce qui produisit cette série d'ajournements qui ont duré depuis 1866 jusqu'en 1870. Quelle abominable duperie!

Il est impossible d'éviter la banqueroute, sans de larges économies, s'écriait M. Thiers, lorsqu'il voyait que le projet était sur le point d'être adopté; et la question de l'armement finissait toujours par être renvoyée aux calendes grecques, pour la raison bien simple qu'il n'y avait d'économies possibles que sur le budget du ministère de la guerre. Hélas! nous avons eu bien des milliards à payer depuis; cependant la banqueroute est restée dans les discours de M. Thiers, et, ce qui prouve l'effronterie de cet être-là, c'est qu'il ne rougissait pas en nous déclarant à la tribune, à la suite de nos désastres, que les ressources du pays suffisaient pour faire face aux exigences de la situation. Ce qu'il y a de plus inexplicable dans cette affaire de comédien, c'est que M. Thiers a pu soutenir ainsi le pour et le contre avec un égal aplomb à la tribune, sans avoir rien à craindre pour son « patriotisme » de convention, ni même pour les autres oripeaux de célébrité qu'il a ramassés au boulevard.

Le stratagème a parfaitement réussi. L'Empire a été renversé. La République a été imposée au nom du *patriotisme*. Les gens de révolution, tous les braillards de l'opposition, se sont jetés sur les emplois lucratifs, comme une meute affamée sur une curée longtemps attendue, et nous ont donné le spectacle d'une véritable chasse aux ministères, aux ambassades, aux préfectures, aux sous-préfectures et autres lardons. M. Thiers est enfin arrivé au pouvoir; mais la patrie reste toujours exposée à ce fléau redoutable connu sous le nom de « complications politiques, » et qu'on pourrait appeler : l'*épidémie des coups de battes*. Et, ce qu'il y a de bien plus lamentable encore, c'est que beaucoup de gens commencent à s'imaginer, en France, que tout soldat qui sait donner convenablement un coup de sabre, a, comme n'importe quel avocat, le droit de prétendre à devenir président de la République; pourvu qu'il ait assez d'aptitude pour jouer la comédie de M. Thiers qui, tenant le souverain à la porte, se plaignait d'une manière si *sérieusement* comique de ne pouvoir pas déposer le lourd fardeau que la confiance (trahie) de la majorité de l'Assemblée nationale avait posé sur ses « faibles épaules. » M. de Broglie lui-même, tout grand seigneur qu'il est, ne semble pas plus content de son sort qu'un simple garçon de *brasserie*. Il paraît être atteint de ce mal épidémique qui règne en ce moment sur la France. Il veut être *président* à tout prix, or, comme la République ne veut pas de lui, et qu'il n'a aucun espoir de devenir roi, il se rabat sur la présidence du cabinet; c'est le limaçon, faute de goujon; mais il s'en contenterait cependant, pourvu que le chef de l'Etat ne soit qu'un porte-couronne; quelque chose comme ces *illustres* Fainéants d'autrefois, que les seigneurs tenaient en tutelle; et, pour arriver à ce résultat, digne de son *habileté*, il fait jouer, à la noblesse, un rôle de dupe qui n'est pas sans analogie avec celui que Rochefort fit jouer à la démocratie qu'il lançait à toute vapeur sur le chemin de la Calédonie.

Tant que Rochefort put politiquer librement, la démagogie l'écouta comme un oracle; mais l'illusion ne fut pas de longue durée, et l'on sait que les déportés faillirent assommer *leur homme d'Etat* sur la frégate de transport, lorsque la réflexion leur eut permis de comprendre que cet *ambitieux* était la cause de tous leurs maux. Eh bien, nous ne sommes peut-être pas éloignés du jour où la haute société, sur le chemin de l'exil, pourra mesurer toute l'étendue de la faute irréparable que certains ducs s'efforcent de faire commettre à la France. Pauvres seigneurs, songez donc que dans quelques mois vous serez peut-être réduits à envier le sort de l'un de vos domestiques, qui jouissent de l'honorabilité que méritent tous ceux qui s'acquittent consciencieusement de l'office pour lequel ils sont choisis et payés; car vous autres, vous deviendrez un objet de répulsion ou de mépris pour vos commettants, et la risée des radicaux dont les aboiements vous ont fait fuir comme des lièvres.

Les titres que vous portez si fièrement (1) deviendront des synonymes dont vous aurez honte, et la personnification même de l'*incapacité*; car rien ne vous a manqué pour nous donner un gouvernement qui puisse rendre à la patrie son antique splendeur; et, au lieu de constituer, ainsi que nous étions en droit de l'attendre de vous, vous n'avez su que disputer sur les formes de gouvernements, comme des modistes sur la couleur des rubans. Oh! Messieurs, en attendant l'exil, ou autre chose plus fâcheux encore, combien de fois ne serez-vous pas montrés au doigt,

(1) Comme des *hommes à savantes formules*.

par l'homme des champs, aussi bien que par l'ouvrier des villes, qui dira en vous voyant passer : *En voilà encore un de ces ... qui ne sont bons qu'à* maçonner ou *à suivre des meutes de chiens!* Eh! de quoi pourriez-vous alors vous plaindre, si vous rejetez le souverain dont vous devez former la couronne? Il y a pour vous, en ce moment, une obligation imposée par la nature même de vos titres, et dont vous ne pouvez pas vous dispenser sans faire au pays un tort comparable au dommage causé par les ouvriers qui désertent l'atelier, ou les laboureurs qui laissent leurs champs sans culture; car, en vous *démocratisant,* vous feriez quelque chose qui ressemblerait au métier de faux-monnayeur. Sachez-le bien, Messieurs, votre titre nobiliaire qui est poinçonné comme celui de l'or, ne peut pas baisser sans porter une grave atteinte à l'honneur national qui doit toujours faire la principale fortune de la France. Vous n'avez pas à travailler dans la boue, ni à respirer l'odeur forte de l'atelier, mais vous n'en êtes pas moins obligés de travailler à la prospérité de la patrie; car vous êtes les artisans de sa gloire. Votre tâche, c'est l'héroïsme de la dignité. Quoi! vous allez l'abandonner pour vous mettre en grève?... Ah! blâmez donc maintenant ces masses de voyous qui refusent de travailler, parce que le patron ne veut pas céder à leurs caprices d'insurgés!

Allons, Messieurs les ducs et autres seigneuries de l'Ordre maçonnique, vous qui n'êtes plus que des *conservateurs* de la *truelle,* ayez donc au moins le courage de gratter vos blasons pour y placer l'emblême du *chenil,* afin que le héros catholique puisse connaître la cause de votre *désencléricalisement,* et qu'il ne s'imagine plus que son gouvernement fait de la *fine* politique parmi les nations, tandis qu'il ne fait, en réalité, que se conformer servilement aux injonctions des *congréganistes* du chenil maçonnique, dont un citoyen ministre de nos affaires étrangères est l'humble et docile valet. Citoyen *maçon,* hic, hic!... qu'as-tu fait du *poignard* professionnel? Te voilà donc condamné à traîner la truelle en forme de *buzico ?*... comme un chien battu!... au chenil! au chenil!!!

Quelle désolation de voir ainsi la France *catholique* trahie et blessée au vif dans ce qui constitue son honneur national, par de misérables esclaves des loges, comme au temps où Napoléon le lâche nous préparait un *Sédan* par peur du stylet ou des coups de trépied!

Avant de vous détacher de l'Assemblée qui menace de tomber dans le mortier, n'oubliez pas, Messieurs *les habiles,* de proposer une loi en faveur de l'Internationale, afin d'obtenir de n'être mangés que les derniers, comme ces finauds de Lyon, qui, par ce temps de révolutions, ont cru devoir prendre une assurance spéciale en payant une redevance aux pétroleuses et aux garçons charcutiers de la rue Grôlée. Puis, quittez vos gants et ceignez bravement le tablier, car la logique va bientôt vous envoyer travailler d'une manière tout-à-fait démocratique. C'est la réforme sociale dont quelques-uns d'entre nous s'occupent depuis leur sortie du lycée.

Ah! maudite Université! qu'as-tu fait de cette jeunesse que la France t'a confiée?

Hélas! comment donc l'*or a-t-il pu se changer ainsi en un vil métal?*...

Vert-de-gris, rouille morale, etc.; tout cela produit l'effet de cette mousse parasite qu'on voit sur un arbre dont la sève se retire. C'est un symptôme de vétusté; c'est un signe qui fait connaître que la vie s'en va.

Sachez bien, Messieurs nos députés grands seigneurs, que des personnalités, jusqu'alors inconnues, vont surgir de la poussière où vous allez vous ensevelir sous le poids de cette exécration de mépris qui pèsera sur votre nom, comme ce bloc de rocher que les anciens roulaient à l'entrée d'un sépulcre. Ah! quand les jours de malheur seront arrivés, vous aurez bonne grâce de vous plaindre de l'ingratitude, ou du mépris du peuple, vous qui semblez oublier que vous devez tout à cette monarchie traditionnelle qui a fait la grandeur de la France; et dont vous avez l'impudence de vous railler en des termes que le dernier de vos valets n'oserait pas se permettre dans une société respectable. Quelle honte pour vos personnalités *officielles*, de nous voir réduits à vous rappeler au devoir et à brailler pour vous empêcher d'entendre les clameurs de la démagogie! Quoi! vous avez peur de mécontenter ces gens qui ont voté contre vous, et vous ne rougissez pas de trahir ainsi ceux qui vous ont donné leur confiance avec une si imposante majorité! Comment! vous n'avez pas le courage d'accomplir, *légalement*, l'un de ces actes de souveraineté que les minorités radicales ne manquent jamais de faire chaque fois qu'elles en trouvent l'occasion!... Eh! pour qui donc réservez-vous cette loi des majorités auxquelles la démagogie reconnaît une autorité sans contrôle?... Est-ce que vous croyez que nous vous avons élus pour sanctionner, par un vote de faiblesse, la prétention qu'ont les radicaux de substituer le tapage à la légalité pour intimider les honnêtes gens?... Comment!... Reculer devant la radicaille!... Mais, ce serait un acte de lâcheté qui vous mériterait des coups de cravaches! Car, nous vous avons confié un dépôt sacré que vous devez défendre même au péril de votre vie. C'est le devoir du soldat qui, en vendant chèrement sa vie, sauve l'honneur et assure la victoire. Sachez donc bien que vos reculades ne peuvent cesser qu'au pied de l'échafaud! ... Messieurs, c'est le cœur qui vous manque!... Vos excuses ne valent pas mieux que celles de ces *zouaves* parisiens qui *caponnaient*, sous prétexte que le temps n'était pas convenable.

Noblesse de théâtre!... Allez donc, dès maintenant, vous renfermer dans vos parcs pour vous dérober aux moqueries du peuple, en attendant que les radicaux ne viennent vous en déloger! Oh! quelle belle partie de chasse vous préparez à la canaille!.....

Et vous, illustre Maréchal, avez-vous bien réfléchi aux paroles si regrettables que les courtisans vous firent prononcer, l'an dernier, dans une circonstance mémorable?... On vous a fait dire: « Si le drapeau blanc était levé contre le drapeau tricolore et qu'il fût arboré à une fenêtre tandis que l'autre flotterait vis-à-vis, les chassepots partiraient d'eux-mêmes (1), et je ne pourrais répondre ni de l'ordre dans les rues ni de la discipline dans l'armée. » Comment, Monsieur le Maréchal, vous osez vous exprimer ainsi en présence d'une troupe de vaincus!... Mais, quel autre langage tiendriez-vous donc s'il prenait fantaisie à une armée victorieuse d'arborer le drapeau rouge en présence d'un Mac-Mahon multicolore! Est-ce que vous prétendez avoir *légalement* plus d'autorité que l'Assemblée qui est absolument souveraine?...

Cette faiblesse de la part d'un homme qui a tant de fois affronté la mort, est le soufflet le plus injurieux qu'il soit possible de donner à l'armée française; puisque c'est la comparer, en quelque sorte, à ces légions corrompues et complétement démoralisées qui, au temps de la décadence de l'empire romain, s'arrogeaient le droit de créer des dynasties selon leurs caprices du moment, trouvant bien plus de plaisir à cette farce militaire qu'à se faire tuer pour sauver l'honneur du drapeau, en défendant l'intégrité du sol de la patrie. On dirait vraiment que nous avons affaire à ces enfants acariâtres qui ne veulent entendre aucune bonne raison, ou à ces malades désespérés auxquels le docteur complaisant n'ose rien refuser. Car enfin, il est incontestable que nous n'avons plus de drapeau véritablement national depuis que l'empire et la république ont livré le tricolore à la

(1) Comme dans un wagon pour Berlin.

Prusse, pour servir de décor au nouveau blason de Bismark. Le drapeau tricolore n'est plus que l'un de ces articles de bazar, dont l'Allemagne a fait emplette avec nos milliards. Il ne peut plus servir qu'à rappeler notre honte! Et il serait moins humiliant pour nous d'arborer le drapeau rouge, si cette guenille n'était pas l'emblème de l'anthropophagie. Comment! le conscrit qui ne connaît que son pays natal, s'arrache sans hésiter à sa famille éplorée, à tout ce qu'il aime en ce monde; et, pour obéir à la *loi*, il va se faire tuer partout où son général a le *courage* de le conduire; eh! pour influencer nos députés, on ose sérieusement faire apparaître à leurs yeux le spectre d'une soldatesque mutinée; comme une troupe de bébés accrochés à une poupée!... Voilà qui peut aller avec les contes de Perrault!... Vous devriez avoir honte, Messieurs nos officiers de terre et de mer, d'aller par les deux mondes *promener* un drapeau déshonoré, en *mendiant* des condoléances qui ne peuvent que confirmer dans la persuasion où l'on est en Europe, que nous ne sommes plus qu'un peuple de poupons encore à la bouillie; peuple que l'on méprise tellement qu'un (1)... a cru pouvoir se permettre impunément de lui forcer la main pour faire tomber une alliance qui se formait toute seule. Ah! quand donc cessera-t-on de nous *complimenter* sur nos « désastres *immérités?*... » Il vaut mieux entendre ces « qu'un sang impur, etc., » avec accompagnement du « Malborough, etc., » joué sur le fifre; et toutes ces moqueries dont nous sommes journellement l'objet de la part de nos voisins d'outre-Rhin; car ces grossières insultes auront peut être pour effet de nous arracher à cette vie efféminée qui a permis à nos ennemis de briser dans nos mains, comme un jouet d'enfant, l'épée dont nos guerriers se servaient pour jouer au billard en attendant l'heure du spectacle.

Oh! qu'il est digne de mépris ce peuple qui jette ses millions au théâtre, plutôt que d'employer ces sommes énormes à se forger des armes perfectionnées qui lui permettraient de recevoir des hommages *mérités*, au lieu de ces condoléances si humiliantes pour une grande nation. Quand donc cessera-t-on d'aller apprendre des comédiennes l'art de tuer? Hélas! il n'est guère moins honteux pour l'armée, ni moins funeste pour la France, d'aller étudier l'art *militaire* dans ces journaux où des officiers vont, au sortir du café, placer leur X*** ou leur Z*** au bas

(1) Je supprime ce nom car la *quarantaine* dure encore.

de certains articles faits pour enseigner la théologie au Pape, et où l'on ne trouve le plus souvent que des fadaises qui ne sont bonnes qu'à distraire les laquais et les ennuyés du boulevard. Il ne suffit pas pour devenir des héros sur le champ de bataille, de parader avec grâce dans les grandes manœuvres; comme des comédiens au théâtre, et de couvrir ensuite les murs de ces placards où pas un bouton n'est privé de sa *mention honorable;* comme s'il s'agissait d'une description de toilette dans un roman composé par une femme. Le spectacle toujours imposant des grandes manœuvres, accompagné d'éloges tombant comme une averse de fleurs sur l'armée et sur la foule, peut bien être, comme un voyage présidentiel, plus ou moins habilement employé pour influencer l'opinion publique dans un but politique; mais ces divers expédients ne peuvent nous soustraire à ce rude talonnement qui nous pousse vers cet avenir sombre, sur lequel tout l'éclat de la gloire de Mac-Mahon ne projette déjà plus qu'une lueur vicillante, dont le rayonnement se rétrécit d'heure en heure, comme celui du crépuscule dévoré par la nuit. Hélas! qu'avons-nous fait de ce trésor de gloire que l'univers contemplait avec admiration?... Nulle nation n'a été plus fertile en grands hommes que la France; et nous sommes réduits, en ce moment, à ne plus vivre que de souvenirs! Ah! qui d'entre nous ne se rappelle encore ces jours d'angoisse et de honte, où l'ennemi fustigeait nos mobiles et enlevait nos soldats par centaines de milliers? L'œil du Français explorait l'horizon, afin de trouver quelque endroit où il pût se reposer, comme la colombe sortie de l'arche au temps du déluge.

Il cherchait sur un sol désolé les champs de batailles où étaient tombés les défenseurs de la patrie.

Il en découvrit quelques-uns d'illustres!... L'amour national s'y concentra aussitôt, et ce fut un immense soulagement pour nous qui éprouvons un si violent besoin d'aimer et d'admirer. Mais le sarcasme vint tomber comme une bombe au milieu de ces cœurs réunis, dans une commune effusion de tristesse et de piété, pour rendre à des morts bien-aimés les hommages que réclame cette reconnaissance publique, que la patrie doit à ceux de ses enfants qui sont tombés glorieusement au champ d'honneur. O ignominie! c'était de l'*Avenir militaire* que partaient ces *projectiles*. Hélas! quel *avenir!...*

Deux de nos évêques avaient fait appel à leur clergé, et un mausolée s'était élevé du produit de leur commune souscription. L'inauguration de ce monument funèbre donna lieu à une pieuse cérémonie qui fut ce qu'elle devait être dans un deuil national.

L'un des prélats vénérables présents à cette solennité, fit entendre à l'assistance, silencieuse mais profondément émue, quelques-unes de ces paroles patriotiques qui font connaître ce que c'est qu'un évêque. C'était le langage d'un père dont les enfants, membres de la grande famille chrétienne, partageaient son amour entre le ciel et la terre. Il laissa l'âme pleine d'espérance, et chacun se retira heureux d'être français. Mais je ne sais quel rôdeur cherchant peut-être des cadavres, aperçut cette croix qui, comme le rameau d'olivier, est le symbole de la résurrection. Cette vue le mit en fureur. Il en vint jusqu'à l'injure, oubliant que la Prusse victorieuse déclara par la bouche d'un de ses princes, que le *clergé français* était *le seul corps que l'Allemagne n'eût pas vaincu.*

Parmi les *projectiles* sortis du *mortier* de l'*Avenir militaire,* il s'en est trouvé un qui mériterait d'être conservé dans de l'esprit de vin. C'est l'épithète de *clérical* jetée à la face d'un évêque. Un évêque accusé de *cléricalisme!!!* Quelle gentillesse de bon goût! Qui donc aurait pu s'attendre à trouver de pareilles choses dans un journal qui est l'un des principaux organes de l'armée?

J'ai vu cette année, dans un numéro spécimen de l'*Ouvrier,* la gravure d'un radicaillon dont le *civisme* paraissait devoir exhaler une forte odeur de pétrole. Ce personnage en blouse était représenté passant devant une statue du *chevalier sans peur et sans reproche.* On le voyait s'écriant avec un geste de communard : « Bayard ! encore un abruti de la monarchie ! » Il aurait pu ajouter : *Mac-Mahon! encore un encroûté du* MILITARISME ! Eh bien, si le rédacteur de l'*Avenir militaire* se présentait, avec l'*officier* de cabaret, devant une commission nommée *ad hoc,* auquel pensez-vous que serait décerné le prix de stupidité? Ce qui est certain, c'est qu'il n'y a guère de différence entre eux, que celle qu'on remarque entre le *Siècle* et les *Débats,* ces deux maudits journaux dont le prussianisme a été si funeste à la France. Vous exigez qu'on vous respecte, Messieurs nos officiers, et vous avez raison ; car des officiers sans l'*honneur* ne sont bons qu'à envoyer à l'Opéra (1) ; mais commencez donc par vous respecter assez pour que les rédacteurs de l'*Avenir,* et autres pâtissiers, n'osent plus se permettre de vous *mouler* de pareilles *boulettes.* Comment ! vous semblez

(1) Quel malheur si la France était obligée de donner encore plus d'extension à cet établissement de démoralisation!

approuver la moquerie jetée, par forme *d'encouragement*, à ceux qui vous prodiguent, *à leurs frais*, des témoignages *d'estime et d'affection!*... Messieurs! des officiers qui se respectent auraient retourné le numéro du lendemain, avec le mot *refusé* sur la bande de l'*Avenir militaire*.

On ne saurait témoigner assez de reconnaissance à M. le ministre de la guerre pour l'énergique patriotisme qu'il déploie dans l'œuvre si difficile du relèvement moral de l'armée; car il a dû entreprendre des travaux d'assainissement comparables à ceux que l'illustre et courageux général Desaix fit exécuter, en 1799, pour nettoyer les canaux qui, comme de grandes artères, sont destinés à porter la vie, avec tout l'éclat de la prospérité, dans cette Egypte que l'incurie des beys avait laissée dans un si pitoyable état.

La criminelle insouciance des préfets du second empire avait tellement laissé s'obstruer les conduits de la vie morale, en France, par l'envahissement des doctrines matérialistes, qu'un ouragan était devenu nécessaire pour dissiper ces putrides exhalaisons qui ont laissé des traces si profondes de leur action sur l'armée, et qui menaçait d'engendrer une effroyable peste morale. On était comme enveloppé dans cette atmosphère épaissie qui peut asphyxier. Cet état de choses était devenu intolérable, surtout depuis que le grave *Moniteur* s'était mis à répandre par la France ce hachis de matérialisme que les médecins et les employés de certaines administrations gouvernementales lançaient aux passants, comme ces poignées de chair humaine que les carabins se jettent à la figure dans les amphithéâtres de l'Etat. Cet infâme colportage auquel se prêtait le *Journal officiel*, a plus contribué à faire mépriser le gouvernement impérial que si le *tombereau* avait pu circuler librement avec les livrées des voitures de la cour (1).

On ne se moque pas impunément de cette dignité qui fait l'honneur et la force des souverains. Eh! surtout, ce n'est ja-

---

(1) On sait que le haut enseignement universitaire est encore tout imprégné de matérialisme. Eh bien! malgré mon profond respect pour un grand nombre de nos députés, je ne crains pas cependant d'affirmer que tout individu pourrait traiter l'Assemblée *souveraine*, comme bon lui semblerait, sans encourir *légalement* aucune peine, si l'enseignement *officiel* de l'athéisme et du matérialisme n'était pas complétement banni de nos universités; car la négation de Dieu et de l'âme ne laisse plus au *pouvoir* que les *droits* de l'assassin, et assimile les lois aux conventions rédigées dans une caverne de brigands. Je défie tous les jurisconsultes de prouver le contraire!

mais en vain qu'on se joue ainsi de la conscience ; car l'envahissement du matérialisme entraîne toujours fatalement le renversement des empires.

Un peuple complétement matérialisé commencerait par manger son souverain, et alors on verrait cette chasse d'anthropophages qui ne cesserait qu'avec l'extinction complète de la race humaine.

Quand l'âme cesse de contempler le ciel, l'homme devient semblable à un astre dévoyé. Il est irrésistiblement poussé vers la destruction, comme une chose qui n'a plus de raison d'être.

La société se dissout d'elle-même dès que les éléments constitutifs de son existence sont détruits. Des soins empressés et intelligents peuvent bien produire quelque chose qui ressemble au mieux momentané d'un phthisique, ou à ces fleurs qu'on fait éclore sous l'action d'une chaleur artificielle, mais les plus belles espérances ne tardent pas à s'évanouir quand elles ne sont que factices. Or, comme tout est factice, sauf les vices, dans un peuple matérialisé, c'est à l'annihilation que nous devons infailliblement aboutir, si nous persistons dans la double négation de Dieu et de l'*autorité* qui émane de lui. Il faut donc commencer par soustraire la génération actuelle à l'action de ce matérialisme universitaire qui corrompt la science, comme les cadavres en putréfaction dans cette eau de cloaque, dont l'*énergique* Mac-Mahon, l'*épée* à la main, défendit l'approche à ses soldats dévorés de soif au milieu des sables du désert d'Afrique. Malheureusement le travail de décomposition n'est pas moindre en politique. Notre situation est tellement compromise que les plus louables efforts d'un gouvernement *provisoire* seront constamment paralysés ou même rendus inutiles, vu l'état où se trouve la France en ce moment ; puisque l'ennemi n'a besoin que de savoir tirer parti de nos divisions intestines pour triompher de nous.

Il ne suffit pas pour dominer la situation d'aller blaguer de la politique dans les comices ou ailleurs, à la manière du citoyen Thiers, qui croyait pouvoir mettre sa *maison* et Paris à l'abri de l'insurrection, en raillant ceux qu'alarmaient les symptômes précurseurs de la Commune ; car la logique n'est pas moins *intransigeante* qu'une charrue de fer tirée par une locomotive (1).

---

(1) Oh ! quelle épithète les événements préparent au Message !... Hélas ! tout le monde sait bien que nous avons besoin de la *paix*, pour préparer la *paie ;* comme à l'époque de l'exposition, où des discours menteurs trompaient *officiellement* le pays, pendant que l'*ours* épiait le moment de sauter sur nous.

Nous sommes dans une situation horriblement fausse. Il faut nous hâter d'y mettre un terme, afin que les simples particuliers, comme les divers membres de la famille impériale et royale, puissent reprendre l'habitude de se dévouer pour la gloire de la patrie, sans que leurs actions d'éclat soient une menace de guerre civile. La réorganisation sociale doit commencer par là, sans quoi elle aura le sort réservé au sophisme ; et, l'accroissement de notre puissance militaire pourrait même nous être funeste, en fournissant aux différents partis qui divisent la France, les armes qui leur permettront de renouveler les scènes de carnage dont Jérusalem, maudite et rejetée de Dieu, donna le spectacle à l'armée assiégeante de Titus qui, comme Nabuchodonosor et Bismark, était l'exécuteur d'une sentence divine.

Dernièrement M. le ministre de la guerre prenait une décision importante qu'il est bon de ne pas laisser passer inaperçue.

On sait que le soldat était très-attaché au chassepot; et cependant le gouvernement n'a pas hésité à sacrifier ce fusil, parce que cette arme n'est pas celle qui nous offre le plus d'avantage (1). Eh bien! pourquoi n'agirait-on pas ainsi à l'égard de cet enseignement athée, ou *bâtard*, qui enlève à la France ce principe de vitalité catholique qui seul peut faire de nous un peuple incomparable? Il nous faut, non une religion au rabais, mélange impur de vrai et de faux, mais bien tout l'ensemble, avec la fleur, des vérités révélées : ce culte le plus parfait que l'homme puisse rendre au Créateur. C'est ce qui fait la vie de l'âme. C'est ce qui est indispensable, surtout à ce peuple de France, si substantiel dans sa foi, qu'il ne souffrit jamais qu'un prince hérétique pût s'asseoir sur le trône de saint Louis; et que le venin de l'athéisme ou de l'hérésie jette dans d'effroyables convulsions, comme depuis Voltaire et aux jours de Calvin.

Pourquoi aussi ne prendrait-on pas une détermination analogue relativement au drapeau? Puisque le tricolore est devenu la propriété de notre ennemi, et que la guenille rouge a été arborée par la capitale, il ne nous reste plus qu'à donner à l'armée un drapeau nouveau que nous puissions aimer sans rougir et qui soit l'emblême des gloires *séculaires* de la patrie. Toutes les objections que les courtisans font à ce sujet ne sont que de vains épouvantails, que l'éclat de la vérité fera disparaître

---

(1) Je m'étonne que le courtisan n'ait pas fait remarquer le danger qu'on faisait courir au septennat, en faisant *partir* ainsi les chassepots.

comme ces spectres de la nuit qu'un rayon de soleil fait s'évanouir.

Cette restauration des Bourbons était le conseil que Louis-Philippe, instruit par le malheur, donnait à la France et à ses enfants. C'était aussi ce que pensait Napoléon Ier, car il s'écriait, après Waterloo : « un Bourbon s'en relèverait! » Que l'Assemblée se presse donc d'acclamer le seul drapeau qui puisse être véritablement national. Qu'elle hâte le retour de ce Bourbon dont la présence sur le trône fermera l'ère des dynasties éphémères dont nous sommes menacés; comme de cette cohue de présidents de *chose publique* où les Trochu et les Mac-Mahon semblent tout-à-fait dépaysés.

Nous savons, par l'expérience du passé, qu'il y a quelquefois beaucoup de danger à aimer sincèrement sa patrie, et que la flatterie est le plus merveilleux des palladiums; mais quand bien même l'histoire se tairait à ce sujet, l'exemple de M. le duc de Broglie suffirait pour nous en convaincre. Non-seulement ce subtil courtisan, dont le *libéralisme* est un *lazzo* à l'usage des *Gauchos*, a pu jouer impunément le rôle d'une sorte d'insurgé, en essayant de soulever l'armée contre l'Assemblée souveraine; mais il semble même avoir pris à tâche de faire une expérience à outrance sur la patience publique. Ce grand seigneur se moque du peuple! Il a même tout l'air de vouloir faire passer notre héros (à force d'exploiter sa loyauté), pour un personnage de théâtre, qui a besoin d'un souffleur; car en s'adressant aux élèves du lycée d'Evreux, il a prononcé un discours qui est un vrai *sauve-qui-peut!*

Ne comptez que sur vous-mêmes, disait M. de Broglie, *sur votre courage et sur vos forces dans les luttes auxquelles vous serez bientôt appelés à prendre part; vous ne trouverez aucune institution, aucun principe qui puisse vous venir en aide!* C'est-à-dire que le septennat doit amener une banqueroute politique.

Ne dirait-on pas que ce duc a juré de se faire rappeler aux coulisses ou de *couler* son homme (1)? Car enfin, quel autre langage pourrait-il donc tenir à des passagers sur un navire faisant eau de toutes parts, et à la merci d'un capitaine étranger à la manœuvre? Ah! ce n'était donc pas pour saluer l'avénement du

---

(1) Ouvrir la soupape du septennat, ou brûler son ministère en se sauvant; ce sont là des farces de *libéraux* auxquelles on peut s'attendre.

septennat qu'on tirait tant il y a un an? C'était donc le canon d'un navire en détresse qui se faisait entendre?... Voilà donc le septennat dans l'état d'un navire errant sur une mer inconnue, où l'on n'espère plus que dans la violence de la tempête pour atteindre le rivage avant de sombrer?

Le septennat dont Mac-Mahon n'est que le titulaire passif (1) fut rendu inévitable par une série de cabales qui rendent croyable tout ce qu'on rapporte des intrigues de la cour des rois de Perse. C'est le chef-d'œuvre du plus rusé des courtisans; mais comme ce n'est qu'un sophisme politique, il sera broyé par cette logique inexorable qu'on appelle *la force des choses*.

Il est évident que c'est uniquement pour écarter Henri V que notre brillant académicien a imaginé cette forme *inqualifiable* de gouvernement, qui est cause que personne, en ce pays, n'est étranger à cette sorte d'angoisse connue des marins dont les forces s'épuisent à faire jouer les pompes du navire, ou dont les vivres, devenues insuffisantes, ne laissent entrevoir que des scènes d'anthropophagie. Le septennat se disloque et nous fait craindre, à chaque instant, de tomber dans l'abime. Cependant on persiste à rejeter celui qui peut seul mettre un terme à nos angoisses, et dont le drapeau blanc est prêt à recevoir, avec ses fleurs de lis, le nouvel emblème impérial et royal choisi par l'Assemblée nationale, et présenté au souverain comme le gage d'une éternelle réconciliation (2).

Bousculés par les événements et méprisé du peuple qui n'envoie pas un *ouvrier* septennaliste raboter à l'Assemblée, les ... se sont souvenus que l'empire agonisant gagna quelques jours de vie par l'envoi des *Titres de la Dynastie napoléonienne* adressés aux maîtres d'école. Et, aussitôt, une brochure a été commandée. Quarante mille exemplaires viennent d'être adressés, gratis et franco, à messieurs les instituteurs. Cette brochure, où se trouve le panégyrique du courtisan est une *histoire* de Mac-Mahon, (comme si le héros était déjà mort!) Elle est ornée

(1) « C'est toujours Mac-Mahon qui règne et les orléanistes qui gouvernent. » O Jupiter de « bronze! »

(2) Henri V est le monarque le plus libéral qui soit au monde; mais il est si loyal qu'il ne veut accepter aucun des compromis qui le mettraient dans l'impuissance de tenir sa parole. Il veut que la France soit honorée, heureuse, florissante, et qu'elle jouisse d'une prospérité durable; c'est pourquoi il rejette obstinément *certaines* constitutions parlementaires qui le rendraient semblable à un amiral lié au grand mât sur le navire de l'Etat.

d'une gravure du Maréchal qui figure là comme l'aigle impériale sur les *Titres*. Cette *histoire* apprend aux instituteurs que rien de bon ne peut être fait en France que par ce septennat, qu'un grand duc entreprend de transformer en gouvernement *maçon*. Ils sont informés aussi que le monstre révolutionnaire n'a pas assez complétement guéri les blessures qu'il reçut à l'époque de la Commune, pour que l'on puisse songer à une entreprise qui soit de nature à troubler le repos dont il a besoin pour se bien rétablir; et que, pour cette raison, il est nécessaire de remettre à plus tard l'arrivée du souverain auquel nous serons obligés d'avoir recours pour sortir du bourbier républicain, à moins qu'on ne veuille encore recommencer la calamiteuse expérience de ces gouvernements de francs-maçons dont le titulaire, tout chamarré de compromis avec la Révolution, doit être quelque chose comme cet Amédée dont le règne n'a duré qu'aussi longtemps qu'il le fallait, pour se faire *placarder*, pour ordonnancer la répartition des emplois lucratifs, et pour permettre à la soldatesque de cuver le vin de la double ration; mais qui ne savait pas ce que c'est que *d'aimer* cette populace qu'on appelle *le peuple*, et qui n'avait point l'*autorité* pour la rendre heureuse en se faisant obéir. Ces sortes de princes ne soupirent qu'après la couronne. Ils semblent ignorer que *le peuple* n'est qu'un bambin, d'un âge avancé, et qu'il est naturellement mutin, insolent, capricieux, fainéant; comme un écolier qui ne travaille que le moins possible, quand il est abandonné à lui-même, ou confié à des maîtres qui ne veulent pas le chagriner, et qui préfèrent se faire mépriser plutôt que de s'exposer à perdre leurs *places*. Ces pauvres princes, qui ressemblent à un colonel électif d'un régiment de Belleville, parlent du suffrage *universel* (universel!!!) tout comme en parlerait un *pion* de lycée, qui, pour se rendre *populaire*, mettrait aux voix la fixation du nombre des jours de congés, des heures de sommeil, de récréation, etc.... La part qui serait faite au travail par ce petit *peuple* votant doit donner la mesure de ce qu'on doit attendre du vote *universel*, aux caprices duquel on veut assujétir le *pion* qui porte la couronne, et qui ne peut rien faire d'utile à son pays, s'il n'a le courage patriotique de *haïr* le peuple autant qu'il le faut pour le rendre heureux.

Rien ne manque dans ce plaidoyer du septennat, pas même cette phrase devenue si banale, qu'il pourrait fort bien prendre envie à nos amis de Madrid d'improviser une sérénade qui pût divertir leurs officiers d'Allemagne. Un *J'y suis, j'y reste; j'y suis, j'y reste, etc.*, entrerait facilement dans un morceau de musique, ayant pour titre : *Le gouvernement de la Truelle*, ou « Le Duché de Magenta, » ou bien encore, « Magenta Ier, » comme dit le *Punch* cité dans l'*histoire* en question. Car, en effet, Mac-Mahon représenté ainsi, *promenant* sa phrase de héros, ressemble un peu à Napoléon III *traînant* un aigle tombé de la région des foudres. Voilà ce à quoi nous exposent ces courtisans à outrance qui oublient que le traité qui termina la campagne de Crimée a été déchiré par l'épée envoyée de Sédan à Berlin, pendant que notre héros était... ailleurs qu'à Malakoff. *Malakoff!*... Hélas! nous n'y sommes plus ; pas même à Rome!...

Il est bien regrettable que nos glorieux souvenirs historiques ne soient pas plus respectés que les secrets de notre diplomatie, qui ont été mis en vente par Jules Favre pour payer les crinolines de sa concubine. Ce gaspillage de la gloire de notre héros est intolérable ; car cette gloire est une propriété nationale que nous devons ménager.

Les courtisans de ce temps-ci ressemblent à ces dissipateurs de bonne maison, qui ne cessent de tirer à vue sur papa. Il est grand temps que cela finisse ; et, si M. le duc de Broglie n'est pas content, il ira, pour se consoler, solliciter encore une audience, où l'accueil sera des plus *sympathiques*. Une note comminatoire pourra ensuite être commandée à l'*Agence Havas* (la vieille commère). Mais qu'il ne s'imagine pas que toutes ces petites ruses d'antichambre suffiront pour le soustraire aux rigueurs de l'histoire. Qu'il repasse ses auteurs, et il apprendra ce que *pourrait* être l'*Histoire d'un Courtisan*.

Le défi jeté à la majorité de l'Assemblée nationale doit faire comprendre la nécessité d'en finir avec une situation qui est absurde et qui laisse flotter sur nos têtes la devise de l'Internationale : « Vainqueurs, le pillage ; vaincus, l'incendie ! » Que la majorité agisse à la manière des catholiques qui, par un splendide acte de foi, ont répondu aux mensonges du petit *sot* qui prétendait que le temps n'était plus aux pèlerinages de dévotion. Montrez-vous tels que vous devez être, Messieurs nos députés. Rappelez Henri V; et, soyez sûrs que vous ne tarderez pas à voir les radicaux baisser le ton, se trouvant fort heureux si Sa Majesté Impériale et Royale veut bien consentir à ne pas faire éplucher trop minutieusement leurs dossiers. Vous verrez même bientôt les civilités empressées changer d'adresse, pendant que la France reconnaissante s'écriera en voyant son auguste et gracieux souverain : *Oh! comme j'avais été perfidement trompée!*

Qu'on ne dise pas que l'espèce de loi Rivet, du 20 novembre, s'oppose au rétablissement de la monarchie ; car, non-seulement l'Assemblée n'a encore rien fait qui soit constitutionnel ; mais ce serait même faire, à Mac-Mahon, l'injure de lui supposer moins de grandeur d'âme qu'à ces vulgaires légataires universels, auxquels, dans certains cas difficiles, des propriétaires donnent tout ce qu'ils possèdent. Ces légataires de confiance, pourraient *légalement* tout s'approprier ; mais l'*honneur* ne leur permet de rien garder, dès que l'occasion se présente de remettre au *légitime* héritier le dépôt que le propriétaire avait voulu soustraire aux voleurs. Oh! que de révélations l'*histoire* fera un jour sur cet imbroglio où l'orléanisme, « honteux, décapité, » se cache comme dans un épais fourré. C'est l'*histoire* d'un voleur qui ne veut pas accepter son pardon; mais qui craint la potence ou l'exil. L'orléanisme mac-mahonisé place en avant un portrait et une phrase qui pourraient faire croire que le buisson où il s'est réfugié, est une smala transformée en ambulance, sous le patronage du héros dont les ancêtres furent jetés par la tempête sur nos côtes, et accueillis généreusement par cette auguste Monarchie qui ne trouve plus aujourd'hui que de l'ingratitude, pour prix de ses bienfaits, parmi ceux-là mêmes qu'elle avait fait participer aux splendeurs de la royauté, en les approchant le plus près de son trône tout éblouissant des gloires de la patrie. Mais cette farce princière ne peut pas durer longtemps. Le jour viendra où les auteurs de cette *inqualifiable* contrefaçon recevront enfin, et pour tout de bon, la récompense qu'ils méritent, s'ils persistent dans cette infâme félonie.

Nous n'avons plus de temps à perdre en commérages politiques; car de graves événements se préparent en Europe.

La prochaine grande guerre où nous serons engagés, inaugurera les principes d'une stratégie nouvelle, dont l'effet sera de rendre impossible l'exécution de ces manœuvres savamment combinées, qui ont eu jusqu'ici une si grande part à la victoire. C'est un art nouveau qui ne sera connu que sur le champ de bataille.

La prudence ne me permet pas d'en dire davantage aujourd'hui. Je m'expliquerai à ce sujet, dès que la France sera en état d'en faire son profit. Tout ce que je puis affirmer dès maintenant, c'est qu'il ne tient qu'à nous de reprendre avant peu la première place parmi les nations. Mais, au nom du patriotisme, je supplie le gouvernement de ne pas gaspiller nos millions, en faisant maçonner des fortifications qui auront pour effet de faire paraître bientôt, au *Moniteur*, des lettres de *condoléance* du ministre de la guerre ; comme celle à ***, dont les *savantes* formules, déjà en baisse, sont débordées par l'évidence des faits. O ma patrie! O belle France, si tu savais comme il t'est facile de redevenir la reine du monde!...

Le moment solennel approche!

La plus terrible responsabilité pèse sur l'Assemblée qui va fixer les destinées de la patrie. C'est l'heure qui peut, humainement, décider du salut ou de la ruine totale de cette France dont l'existence est le plus sublime des poëmes épiques; parce que l'intervention divine s'y est montrée telle qu'auraient pu le souhaiter les chantres de l'inspiration et des temps héroïques, dans leurs transports d'enthousiasme sous le beau ciel de la Grèce et de Rome. Il n'est plus possible de se méprendre sur le rôle providentiel que nous sommes appelés à remplir dans le monde. Il en est de nous comme de ce héros de Macédoine qui allait cueillir des lauriers, là où son audace lui aurait fait trouver la mort, si une puissance mystérieuse ne l'avait sauvé en multipliant en sa faveur, ces sortes de *hasards* ou *phénomènes renversants* (1), qui sont indépendants de la volonté de l'homme. Tout cédait devant ce foudre de guerre qui avait une mission divine à remplir. Rien ne pouvait l'arrêter dans sa course à travers les nations, conformément à ce que le prophète avait annoncé.

On aurait dit que ce célèbre conquérant ne cherchait qu'à se faire tuer, tant il était téméraire, ou qu'il avait une sorte de pressentiment qu'un bras invisible le protégeait; comme l'enfant qui se joue impunément au bord de l'abîme, quand il est soutenu par une main tutélaire. Eh bien, c'est le même phénomène qui se reproduit en France depuis Clovis. Il y a dans notre histoire, aussi bien que dans celle d'Alexandre, un brillant qui éblouit tous les regards. C'est quelque chose d'inexplicable qui étonne l'imagination, toujours si avide du grand et du merveilleux. Un enthousiasme irrésistible s'empare de l'âme, à cette vue, et la jette dans des transports d'admiration.

On est dans des alarmes continuelles quand on voit le peuple de France se précipiter, avec toute l'impétuosité d'Alexandre,

---

(1) Cette dernière expression vient d'être inventée par les matérialistes pour esquiver le mot *surnaturel*.

au milieu des plus effroyables dangers. On croit à chaque instant qu'il va périr, et cependant il en réchappe toujours, grâce à quelque *hasard* qui se trouve là, comme ce tronc d'arbre sur lequel s'appuya le guerrier audacieux qui, cédant à sa fougue impétueuse, s'était jeté seul, du haut des murs, dans la ville des Oxidraques, au milieu des ennemis, où tout autre que lui aurait été pris ou tué. Quelquefois aussi, comme ce vainqueur de l'Orient, il reçoit de ces blessures profondes qui lui font perdre connaissance; et, alors, l'ennemi s'approche, comme l'Indien, de celui qu'il croit être privé de vie; mais soudain Alexandre recouvre ses sens, saisit son arme et terrasse son vainqueur; puis il s'affaisse au pied de l'arbre protecteur; mais en ce moment-là même, un secours inespéré vient le tirer du danger auquel ses forces épuisées ne peuvent plus le soustraire.

C'est par une série de semblables aventures que fut toujours sauvé ce héros de la Providence, tant que dura la mission dont il était chargé. La grande quantité de sang qu'il perdit par cette dernière blessure que lui fit la flèche du sauvage de l'extrême Orient, semblait devoir lui enlever la vie. On le crut perdu sans ressources, et la nouvelle de cet accident se répandit par le monde, comme le bruit des désastres de la France. Cependant il n'en mourut pas. Il était pourtant si affaibli qu'il ne pouvait plus se montrer en public, ce qui accrédita le bruit qu'il était mort ou mourant, bruit qu'il ne put faire cesser qu'en reparaissant à cheval, tel que les nations l'avaient vu aux jours de batailles. C'est ainsi que devra bientôt reparaître ce peuple français, tout matérialisé, auquel la Providence fait donner des coups de bottes pour le tirer du honteux assoupissement où l'a jeté l'ivresse révolutionnaire. Il semblerait qu'on dût désespérer de le voir faire encore des actions d'éclat, car il y a des abaissements dont on ne peut se relever que par un miracle de premier ordre.

Jamais le soldat du Christ n'était tombé si bas!

Il s'est laissé soûler par l'infâme et perfide Dalila. Il est avili. On le voit tout couvert d'un sang boueux, dans l'ignoble posture d'un *duc* dégradé, étendu par terre, le lendemain d'une boxe de lundi, et n'ayant pour tout vêtement que le tablier maçonnique. Heureusement il n'y a qu'à le réveiller; car un bain salutaire est tenu tout prêt pour le guérir en le nettoyant des ordures de sa débauche; après quoi, l'aliment réparateur lui rendra la plénitude de cette force et de cette lucidité dont il a besoin pour présider aux destinées des nations, qui apprendront ainsi comment s'opère la résurrection d'un peuple. Cette merveille, inconnue des anciens, ne peut tarder beaucoup, car c'est à nous qu'appartient l'honneur de donner au monde ce Thémistocle catholique dont l'humanité éprouve le pressant besoin, et qui lui est annoncé par ce vague pressentiment qui est comme le signe précurseur des grands événements.

Une sauvagerie nouvelle menace de faire disparaître jusqu'aux derniers vestiges de la civilisation. C'est l'œuvre satanique de la Révolution dont le triomphe aurait pour résultat de nous donner le spectacle d'une guerre d'extermination sans exemple dans les annales des générations qui nous ont précédés. Le front altier des potentats s'incline déjà comme le sommet des grands arbres, sous le souffle violent qui précèdent de quelques instants les déchaînements de la tempête. Cet abaissement des couronnes est le symptôme le plus alarmant de l'époque contemporaine. C'est la marque infaillible d'une défaillance générale en présence des terribles menaces, et des formidables agissements de l'Internationale qui s'étend sur toute la surface du globe. La plupart des souverains et des présidents de républiques ne sont déjà plus que des vassaux auxquels la peur a fait accepter la marque au front d'un esclave ou de l'animal qui change de maîtres. Ces dominateurs de la terre ont refusé de rendre hommage au Créateur; et ils sont devenus avec leurs ministres, les dociles valets d'un pouvoir occulte dont le sceptre est un poignard! C'est ainsi que Jéhovah a coutume de fustiger l'orgueil humain, quand la bravade a pris les proportions du blasphème, comme au temps de la construction de la tour de Babel.

Le présent aux abois nous appelle à son secours; comme le fera l'avenir en ces jours d'épouvante, où l'on verra éclater des conflits qui n'auront aucune proportion avec tous ceux qu'on aura vus jusqu'alors. On doit s'attendre à voir des batailles auxquelles prendront part les cinq parties du monde. Les armées belligérantes ne se compteront que par plusieurs millions, et elles emploieront pour détruire toutes les ressources d'une science qui fera regarder le temps où nous vivons comme une époque où l'art militaire n'était encore qu'à l'état d'enfance. Des nations entières seront broyées par le choc de ces innombrables bataillons. Il en sera de chaque combat comme des ouragans intertropicaux qui emportent des maisons avec leurs habitants et les mettent en pièces dans les airs. Les batailles sanglantes et acharnées dont nos devanciers furent témoins, n'apparaîtront bientôt plus que comme ces petits combats de ville à ville qui semblent n'avoir été, pour la Grèce, qu'un exercice préparatoire à cette lutte mémorable qui ébranla le monde, en précipitant jadis toutes les forces de l'Orient sur un point de l'Occident. L'équilibre des nations se trouvait alors rompu. La frayeur glaça tous les cœurs, et chacun courut se mettre à l'abri, comme les craintifs lapereaux à l'approche de l'orage. Mais un homme d'audace et de génie paraît alors. Il s'appuie sur deux villes et se dresse comme un géant en face de l'invasion. Il organise les moyens de défenses que sa perspicacité lui avait fait préparer à l'avance; et, par une tactique que son génie lui suggère, il remporte une de ces victoires qui seront un éternel objet d'étonnement et d'admiration.

C'est ce rôle de sauveur qui nous est réservé, pour maintenant et pour plus tard, et le génie de la France n'est point au-dessous de cette grande tâche; mais n'oublions pas que nous ne ferons rien de durable, tant que nous resterons en proie à ces divisions intestines qui réduisirent en servitude, cette Grèce dont les brillants exploits ne sont plus qu'un mirage de gloire pour les Hellènes d'aujourd'hui. Nous n'avons rien de plus pressé que de rétablir la monarchie traditionnelle; mais il importe surtout de ne pas perdre de vue que nos victoires ne sauraient nous être profitables, si elles ne sont pas celles du catholicisme; car des *hasards* providentiels se trouvent trop souvent mêlés à nos affaires nationales, pour qu'il nous soit possible d'ignorer encore ce que le Ciel attend de nous, sur cette terre qui est le séjour de l'Église militante.

Comme il serait trop long de dérouler ici toute la série de ces événements de notre histoire, où les faits d'un ordre *surnaturel* occupent une si large part, je me contenterai de rappeler ce qui nous arriva lorsque Louis XIV, n'ayant plus rien à craindre de personne, se crut assez puissant pour rompre le pacte de Tolbiac. Une prospérité inouïe avait rendu ce monarque le mortel le plus favorisé qui fut ici-bas. L'éclat de sa gloire s'augmentait de tout ce qui brillait à sa cour, et faisait pâlir tout ce qui n'était pas lui. Or, il arriva que le *soleil* s'éclipsa tout-à-coup. Des nuages sombres s'amoncelèrent. La foudre gronda. L'orage éclata avec un fracas épouvantable, pendant que toutes sortes de calamités fondaient en même temps sur notre infortunée patrie. Louis-le-Grand reconnut là le doigt de Dieu. Il répara sa faute; et, au moment même où un Sédan était devenu imminent, le *hasard* fit à Denain ce qui aurait pu arriver là-bas!... Car, Mac-Mahon n'est point inférieur à Villars, et nos vainqueurs de ce temps-là ne le cédaient en rien à ceux d'aujourd'hui. Ce sont là des *phénomènes renversants* dont il faut bien tenir compte, absolument comme des coups de bâtons dont le sceptique de Ferney dut accuser réception, tout en réchignant, à la manière de ce polisson de diplomate qui eut quelque chose d'aussi humiliant et de bien plus ruineux à signer, en dépit des placards *officiels* qui disaient encore aux passants : *Pas un pouce de notre territoire; pas une pierre de nos forteresses!* Vive la République, une et *indivisible!*

Personne n'ignore que Napoléon, qui avait été envoyé pour terrasser la Révolution, fut l'enfant gâté de la *Fortune,* jusqu'au jour où l'orgueil d'une ambition sans bornes le rendit persécuteur de Celui que nous sommes appelés à protéger. Cette vie de héros est remplie de *phénomènes renversants,* depuis Arcole jusqu'à Sainte-Hélène, où s'éteignit cette grande personnalité historique, au bruit du canon, comme l'astre du jour dans l'immensité de l'Océan. Ces *hasards* étranges n'échappèrent point à la perspicacité de cette haute intelligence qui savait traduire ces sortes de dépêches de la Providence. Je serai brisé *comme un morceau de verre* quand la Providence n'aura plus besoin de moi, disait Bonaparte qui s'était vu arrêté, par un rien, dès son arrivée sur cette terre d'Asie, où il semblait qu'aucune puissance humaine ne fût capable de mettre obstacle à la réalisation des rêves d'une imagination qu'exaltait le spectacle grandiose de ces monts sacrés, dont la vue élève l'âme vers le ciel; comme les *sept* gigantesques cèdres contemporains des âges bibibles, et chantés par le prophète en ce lieu-là même où nos guerriers des croisades sont venus illustrer la valeur française, illuminée de cette lumière poétique et mystérieuse qui environne les images des héros de l'Orient; là où fut placé le berceau du genre humain, et où le souvenir de la France avait jadis le privilége de faire palpiter avec amour le cœur du pèlerin que la foi conduisait sur ces sommets irradiés, témoins des plus étonnants prodiges de la puissance et de la bonté de Celui dont le Français est l'enfant chéri, comme l'était Israël avant le déicide.

Une suite de *hasards* ramènent le « Sultan-Kébir » de Saint-Jean-d'Acre en Europe; et son lieutenant des Pyramides accourt se faire tuer, tout juste au moment où il le fallait pour donner la victoire au consul vaincu à Marengo; tandis que par un *hasard* contraire, Grouchy reste dans l'inaction, pendant que Blücher court arracher la victoire à l'Empereur, vainqueur de

Wellington, sur le champ de bataille de Waterloo. Le *hasard* avait jeté à l'eau le soldat d'Arcole, pour le soustraire à la mitraille qui balayait le pont sur lequel ce téméraire s'était élancé à la tête de ses compagnons d'armes. Et, par un *hasard* contraire, la *grande armée* fut ensevelie dans les neiges de la Russie, pour perdre sans retour le vainqueur de la Moskowa. Cependant, si par *hasard* Moscou n'avait pas été livré aux flammes sous les yeux d'une armée victorieuse, cette campagne de 1812 aurait été le chef-d'œuvre de cet homme extraordinaire. Eh! il est certain qu'elle était bien moins périlleuse que celle d'Egypte, en présence de Nelson qui était maître de la mer.

Peu importe le nom que l'on donne à ces étranges événements. Il faut bien avouer que ces *hasards* sont des *phénomènes renversants,* tels que doit en produire l'exécution des décrets de Dieu; et l'on voit éclater ici toute l'étendue de la faiblesse humaine, dans la personne du plus grand homme de guerre qui fût jamais.

La Providence a montré beaucoup de bonté pour cet homme de génie qui semblait avoir pris à tâche de la pousser à bout; mais auquel les entraînements les plus violents ne firent jamais faire perdre de vue que le catholicisme est la seule religion qui soit digne d'un Français. Elle le renversa, mais sans le tuer. Elle voulut lui donner le temps de rentrer en lui-même. Eh! c'est peut-être uniquement pour cela qu'elle l'envoya finir ses jours sur un rocher, comme un aigle blessé par la foudre.

Ce n'est pas ainsi qu'elle traita Alexandre, elle se montra implacable. Elle le creva contre terre, comme une outre pleine de vin, après que cet orgueilleux conquérant eût entrepris de se faire adorer; bien que les prophéties qui le regardaient, et qu'il avait lues à Jérusalem, lui eussent révélé l'existence de Jéhovah.

Certains indices me portent à croire que Mac-Mahon aussi n'est pas étranger à une protection spéciale de la Providence; car c'est uniquement par *hasard* qu'il fut sauvé à Malakoff. Ce fut même une *imprudence* de sa part qui amena la découverte des fils métalliques destinés à faire sauter la forteresse, comme les autres forts qui firent explosion dans ce moment-là même. Or, par sa récente forfaiture à l'honneur de la France catholique, le septennat nous a suffisamment appris que le *Bayard* moderne, doit avoir autre chose à faire que de *présider* au travail de fermentation de ce gâchis politique, où l'Internationale a déposé des œufs de crocodile. Il est très-vraisemblable que ce héros ne nous a été conservé qu'afin d'apprendre aux princes de ce temps-ci, et à tous les grands hommes de l'avenir, comment on doit obéir en devenant la première illustration de son pays.

O patriotisme!

Sera-t-il donc dit que tu n'es déjà plus qu'un vain mot sur cette terre classique de l'héroïsme?...

Si l'on veut, pour tirer à une faible distance, augmenter le nombre des projectiles contenus dans l'enveloppe de zinc, pour le canon, ou dans la cartouche spéciale dont il est parlé à la page 6 du mémoire : *Les Flottes, etc.*, il suffit de donner moins de longueur à chacun des rouleaux, et de les fractionner en 4; mais il est important que chaque morceau reprenne sa place naturelle dans la cartouche, de manière à ne former qu'un seul projectile compacte.

Je viens d'être averti que ce n'est pas au collége Rollin, mais dans un autre lycée de Paris qu'eut lieu la *gaminerie* de grands garçons, dont il est question à la page 16.

4672 — Nantes, Imp. Jules Grinsard, rue de la Fosse, 32.

www.ingramcontent.com/pod-product-compliance
Ingram Content Group UK Ltd.
Pitfield, Milton Keynes, MK11 3LW, UK
UKHW021949260726
13994UKWH00004B/1639